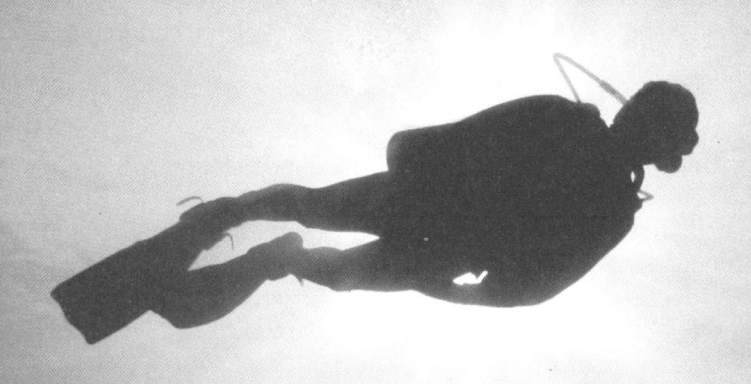

Rechnungswesen 1
Eintauchen in die Welt des Rechnungswesens

Für Lernende

mit ausklappbaren Buchungsregeln

Dr. Louis Maag
Dr. Ueli Matter

Dr. Louis Maag, Dr. rer. soc., eidg. dipl. Wirtschaftsjurist FH, eidg. dipl. Berufsschullehrer EHB

Langjährige Erfahrung als Rechtsberater, Controller und Buchhalter. Wirtschaftspädagogisches Doktorat in der empirischen Lehr- und Lernforschung. Seit über 15 Jahren Wirtschaftslehrer in allen Profilen der kaufmännischen Grundbildung an der Wirtschaftsschule KV-Winterthur und Autor zahlreicher Lehrmittel.

Dr. Ueli Matter (†), Dr. oec. publ., dipl. Handelslehrer

Langjährige Erfahrung als Wirtschaftslehrer in allen Profilen der Kaufmännischen Grundbildung sowie in der Weiterbildung an der KV Zürich Business School, als Mentor in der Lehrerausbildung und als Autor zahlreicher Publikationen und Lehrmittel.

Alle Rechte vorbehalten
Ohne Genehmigung des Herausgebers ist es nicht gestattet, das Buch oder Teile daraus in irgendeiner Form zu reproduzieren.

Haftungsausschluss
Trotz sorgfältiger inhaltlicher Kontrolle wird keine Haftung für die Richtigkeit, Vollständigkeit und Aktualität der Inhalte verlinkter Seiten übernommen. Die Verantwortung für diese Seiten liegt ausschliesslich bei deren Betreibern.

© by KLV Verlag AG

Layout und Cover
KLV Verlag AG, CH-Schaffhausen

5. Auflage 2023

ISBN 978-3-85612-838-8

KLV Verlag AG | Breitwiesenstrasse 9 | CH-8207 Schaffhausen
Telefon +41 71 845 20 10 | info@klv.ch | www.klv.ch

Inhaltsverzeichnis

	Erklärung Icons	5
	Vorwort	6
	Didaktische Hinweise	7
	Einleitung	8

1 Bilanz — 10

1.1	Aktiven & Passiven einer Unternehmung	12
1.2	Inventur & Inventar	14
1.3	Die Bilanz	16
1.4	Gruppierung & Ordnung von Bilanzpositionen	20
1.5	Kontenrahmen & Kontenplan	22
1.6	Veränderung der Bilanz	24
	Kontrollfragen	26
	Lösungen zu den Kontrollfragen	28
	Aufgaben	30

2 Kontieren & Buchen — 56

2.1	Zweck von Konten	58
2.2	Regeln für die Kontenführung	60
2.3	Doppelte Buchhaltung	64
2.4	Kontieren & Buchen	65
	Kontrollfragen	70
	Lösungen zu den Kontrollfragen	72
	Aufgaben	74

3 Erfolgsrechnung — 116

3.1	Der Erfolg	118
3.2	Aufwände & Erträge	121
3.3	Erfolgsrechnung	122
3.4	Kontenrahmen KMU für die Erfolgsrechnung	124
3.5	Buchungsregeln für Erfolgskonten	126
3.6	Doppelter Nachweis des Erfolgs	128
	Kontrollfragen	130
	Lösungen zu den Kontrollfragen	132
	Aufgaben	134

4 Zinsen — 176

4.1	Zinsdifferenzgeschäft von Banken	178
4.2	Zinsrechnen mit Dreisatz	179
4.3	Kaufmännische Zinsformel	181
4.4	Verrechnungssteuer	182
4.5	Kontokorrent	184
	Kontrollfragen	186
	Lösungen zu den Kontrollfragen	188
	Aufgaben	190

5 Fremde Währungen — 214

- 5.1 Beziehungen zum Ausland 216
- 5.2 Umrechnungskurse 217
- 5.3 Fremdwährungen im Rechnungswesen 220
- Kontrollfragen 222
- Lösungen zu den Kontrollfragen 224
- Aufgaben 226

Anhang — 242

- Bildquellenverzeichnis 242
- Stichwortverzeichnis 243
- Kontenrahmen KMU (für Unterrichtszwecke angepasst) 245

Qualitätsansprüche

KLV steht für **K**LAR • **L**ÖSUNGSORIENTIERT • **V**ERSTÄNDLICH

Bitte melden Sie sich bei uns per Mail (info@klv.ch) oder Telefon (+41 71 845 20 10), wenn Sie in diesem Werk Verbesserungsmöglichkeiten sehen oder Druckfehler finden. Vielen Dank.

Erklärung Icons

Theorieteil

Aufgaben zu den Themen

Kontrollfragen

Lösungen zu den Kontrollfragen

Theorie an einem Beispiel einfach erklärt

Guter Ratschlag oder nützliche Hinweise

Zusammenfassung

Didaktische Hinweise

Vorwort

Rechnungswesen 1 ist ein Lehrmittel zum Aufbau von Handlungskompetenz in doppelter Buchhaltung für die Kaufmännische Grund- und Weiterbildung in Berufsfachschulen, Gymnasien und der Praxis. Die Wissensinhalte bilden das Fundament für den Weg hin zu fachkundigen Mitarbeitenden im Rechnungswesen.

Das Lehrmittel zeichnet sich durch folgende Eigenschaften aus:

Ausbildung von Handlungskompetenz mit echten Fällen aus der Praxis
Die praxisnahe Theorie wird in einfacher, aber exakter Sprache erklärt. Reale Fälle aus betrieblichen Handlungssituationen im Aufgabenteil motivieren zur Anwendung des Wissens und schaffen Gelegenheiten zum Erleben von betrieblichen Prozessen.

Didaktische Hinweise
Didaktische Hinweise machen auf Gelegenheiten für duales Lernen aufmerksam (Lernort-übergreifende Lernprozesse). Schnittstellen zu anderen Bereichen, wie Englisch, Betriebswirtschaft oder Informatik, fördern die Vernetzung von Wissen und eignen sich besonders für den interdisziplinären Unterricht an Maturitätsschulen.

Bildungsverordnung für Kaufleute ist abgedeckt
Inhalt und Themenabfolge sind auf die Bildungsverordnung 2023 für Kaufleute ausgerichtet.

Zeitgemässe Unterstützung der Lehrperson
Die Inhalte von Aufgaben sind stets im Titel beschrieben und der Schwierigkeitsgrad wird mit Punkten angezeigt.

Für das Selbststudium ausgelegt
Grafischen Darstellungen, Beispiele und Kontrollfragen mit Antworten helfen beim Selbststudium.

Wir danken allen Kolleginnen und Kollegen, unseren eigenen Lernenden sowie den Buchhalterinnen und Buchhaltern aus der Praxis, welche uns mit Rat und Tat zur Seite gestanden sind und uns bei der fortlaufenden Verbesserung dieses Lehrmittels helfen.

Die Autoren
Dr. Louis Maag
Dr. Ueli Matter

Geschlechtsneutrale Formulierung
Es sei darauf hingewiesen, dass der Inhalt dieses Lehrmittels geschlechtsneutral zu verstehen ist. Sollten einzelne Begriffe in männlicher oder weiblicher Form auftreten, so sind darunter selbstverständlich alle Geschlechter zu verstehen.

Didaktische Hinweise

Berufsmaturität 1. Lehrjahr: Didaktische Hinweise in Finanz- und Rechnungswesen

Der Berufsmaturitätsunterricht erfolgt punktuell mit einem engen Bezug zum praktischen Berufsalltag der Lernenden. Die Trainingseinheiten können von den BM-Lehrpersonen je nach persönlicher Unterrichtsplanung entsprechend ausgestaltet werden.

Berufliche Tätigkeiten	Lehrmittel	Kapitel	Hinweise
Allgemeiner didaktischer Hinweis für die gesamte Ausbildung in Finanz- und Rechnungswesen: Grundlagen von finanziellem und betrieblichem Rechnungswesen rechtskonform anwenden (Erfolgsrechnung, Bilanz, Ertrag und Aufwand, Hilfsbücher (Kreditoren, Debitoren), Anlagewesen, Liquidität, Deckungsbeitragsrechnung, Betriebsabrechnungsbogen)	Rechnungswesen 1–3	alle Kapitel	V. a. in den Aufgaben vorhanden

1. Lehrjahr: Didaktische Hinweise in Finanz- und Rechnungswesen
Lehrmittel: Rechnungswesen 1, Rechnungswesen 2

Berufliche Tätigkeiten	Lehrmittel	Kapitel	Hinweise
Geschäftsfälle rechtskonform verbuchen	Rechnungswesen 1	Kapitel 2 Kapitel 3	Aufgaben 17–22 Aufgabe 10 ff.
Rechnungsdokumente und Zahlungsaufträge erstellen	Rechnungswesen 1	Kapitel 2	Aufgabe 3
Zahlungsprozesse überprüfen und Optimierungsmassnahmen ableiten	Rechnungswesen 2	Kapitel 8	Aufgaben 4 und 10
Zwischen- und Jahresabschluss rechtskonform erstellen	Rechnungswesen 1	Kapitel 2 Kapitel 3	Aufgaben 12–14 Aufgaben 10 und 17
Gängige digitale Hilfsmittel und Anwendungsprogramme zur Verarbeitung von Zahlen und Daten einsetzen (Excel anwenden)	Rechnungswesen 1	Kapitel 2	Aufgabe 24

Einleitung

Was ist das Rechnungswesen?

Der Linienpilot ist während eines Nachtflugs auf seine Instrumente im Cockpit angewiesen. Verschiedene Anzeigen liefern ihm Daten für die Bestimmung von Flughöhe, Richtung, Geschwindigkeit, Treibstoffstand, Temperatur und Flugverkehr. Ohne diese Daten kann heute keine Linienmaschine mehr sicher geflogen werden.

Wie ein Pilot benötigt auch die Geschäftsleitung einer Unternehmung Daten, um den Betrieb steuern und Entscheidungen treffen zu können. Eine zentrale Aufgabe des Rechnungswesens ist die Erfassung, Aufbereitung und Auswertung von Zahlen, damit die Leitung des Betriebs kein «Blindflug» ist.

Wie das funktioniert, lernen Sie in diesem Lehrmittel.

Das Rechnungswesen übernimmt in einer Unternehmung besonders folgende Aufgaben:

Aufgabe	Erklärung
Planungs- und Entscheidungsinstrument	Führungskräfte brauchen Zahlengrundlagen, um planen und entscheiden zu können.
Kontrollinstrument (engl.: Controlling)	Der Betrieb soll überwacht und kontrolliert werden.
Führungsinstrument	Mit zahlenmässigen Zielvorgaben kann das Verhalten der Mitarbeiter beeinflusst werden.
Transparenz *	Informationen für Anspruchsgruppen und die Öffentlichkeit. Besonders Kapitalgeber (Bsp.: Eigentümer oder Banken) sind an der finanziellen Situation einer Unternehmung interessiert.

* Klarheit

Was ist Buchhaltung?
Der Begriff Buchhaltung bezeichnet im Geschäftsalltag das Rechnungswesen. Je nach Grösse einer Unternehmung werden einzelne Stellen oder ganze Abteilungen als Rechnungswesen oder Buchhaltung bezeichnet und übernehmen entsprechende Aufgaben.

Warum gibt es viele Fachwörter und Darstellungsformen im Rechnungswesen?
Innerhalb des Rechnungswesens der meisten Unternehmungen werden allgemein anerkannte Fachbegriffe und Darstellungsformen verwendet. Zu Beginn Ihres Studiums werden Sie daher viele Begriffe und Strukturen lernen müssen, auf denen Sie danach Wissen aufbauen können.

Bilanz

Kapitel 1

1.1 Aktiven & Passiven einer Unternehmung
1.2 Inventur & Inventar
1.3 Die Bilanz
1.4 Gruppierung & Ordnung von Bilanzpositionen
1.5 Kontenrahmen & Kontenplan
1.6 Veränderung der Bilanz

1 Bilanz

Leitfragen
Finden Sie beim Durcharbeiten der Theorie Antworten auf diese Fragen:

1. Was sind die Aktiven einer Unternehmung?
2. Was sind die Passiven einer Unternehmung?
3. Was ist der Unterschied zwischen Eigenkapital und Fremdkapital?
4. Warum sind Aktiven und Passiven gleich gross?
5. Was ist der Unterschied zwischen Inventar und Inventur?
6. Was ist im Rechnungswesen unter dem Begriff «Konto» zu verstehen?
7. Was bedeuten diese Kontenbezeichnungen:
   Debitoren, Mobilien, Immobilien, Patente und Lizenzen, Kreditoren, Hypotheken?
8. Was ist der Unterschied zwischen Umlauf- und Anlagevermögen?
9. Nach welchen Kriterien werden Konten in die Gruppen Umlauf- oder Anlagevermögen eingeteilt?
10. Nach welcher Reihenfolge werden die Konten innerhalb des Umlaufvermögens gegliedert?
11. Nach welcher Reihenfolge werden die Konten innerhalb des Anlagevermögens gegliedert?
12. Nach welcher Reihenfolge werden die Konten innerhalb des Fremdkapitals gegliedert?
13. Nach welcher Reihenfolge werden die Konten innerhalb des Eigenkapitals gegliedert?
14. Was ist der Kontenrahmen KMU und welchem Zweck dient er?

Notizen

1.1 Aktiven & Passiven einer Unternehmung

Das Rechnungswesen muss aufzeigen können, was die Unternehmung alles an Vermögen (Geld, Fahrzeuge, Computer, Möbel usw.) besitzt und woher das Kapital stammt, mit dem diese Vermögenswerte finanziert («bezahlt») worden sind.

Die Vermögenslage («Was besitzen wir?») und Finanzierungslage («Wer hat dafür bezahlt?») werden im Rechnungswesen mit folgenden Fachbegriffen beschrieben:

Welche Vermögenswerte besitzt die Unternehmung? (Vermögenslage)	Woher stammt das Kapital für die Finanzierung des Vermögens? (Finanzierungslage)	
Aktiven (Vermögen)	**Passiven** (Kapital)	
– Geld – Guthaben bei Dritten – Fahrzeuge – Maschinen	**Fremdkapital** (Schulden bei Dritten)	– Offene Lieferantenrechnungen – Bankkredit – Langfristige Schulden bei Dritten
	Eigenkapital (Reinvermögen)	Kapital, das die Unternehmung oder deren Eigentümer selber für die Finanzierung der Aktiven aufgebracht haben

Beispiel 1
Sie bestellen im Internet ein neues Mobiltelefon. Sie bezahlen den Kaufpreis nicht gleich, sondern erhalten eine Rechnung vom Lieferanten. Ihre Vermögens- und Finanzierungslage würde sich aufgrund dieses Geschäfts wie folgt verändern:

Vermögenslage	Aktiven steigen (neues Mobiltelefon)
Finanzierungslage	Fremdkapital steigt (offene Rechnung)

Beispiel 2
Sobald Sie die offene Rechnung bezahlen (vgl. Beispiel 1), wirkt sich dies wie folgt aus:

Vermögenslage	Aktiven sinken (Geldausgang)
Finanzierungslage	Fremdkapital sinkt (keine offene Rechnung mehr)

1.2 Inventur & Inventar

Die meisten Unternehmungen sind gesetzlich verpflichtet, bei Eröffnung des Geschäfts und danach immer zum Abschluss des Geschäftsjahres den Wert der Aktiven sowie den Wert des Fremdkapitals mit einer Zählung nachzuweisen. Als Nachweis dient ein Verzeichnis aller Vermögens- und Schuldenwerte, das sogenannte Inventar. Das Inventar weist detailliert nach, aus welchen Einzelpositionen sich die Aktiven und das Fremdkapital zusammensetzen. Der eigentliche Vorgang zur Erstellung des Inventars wird Inventur genannt.

Auszug aus dem Obligationenrecht (Bundesgesetz)

	Art. 957a
B. Buchführung	[1] Die Buchführung bildet die Grundlage der Rechnungslegung. Sie erfasst diejenigen Geschäftsvorfälle und Sachverhalte, die für die Darstellung der Vermögens-, Finanzierungs- und Ertragslage des Unternehmens (wirtschaftliche Lage) notwendig sind. (...)

	Art. 958c
III. Grundsätze ordnungsmässiger Rechnungslegung	(...) [2] Der Bestand der einzelnen Positionen in der Bilanz und im Anhang ist durch ein Inventar oder auf andere Art nachzuweisen. (...)

Beispiel – Inventar der Tauchschule Chris Diermaier

Chris Diermaier hat sich anfangs Jahr als Tauchlehrer selbstständig gemacht. Er bietet Aus- und Weiterbildung samt Mietausrüstung für Tauchinteressierte an und taucht meistens in den heimischen Gewässern (Zürich- und Bodensee).

Seine Eltern leihen ihm als Teil des Startkapitals CHF 10000.00. Das übrige Kapital bringt er aus seinen Ersparnissen auf. Die eigene Lagerhalle finanziert er zum Teil mit einem Bankkredit.

Sein Geschäft lief bereits im ersten Quartal des Jahres gut an, und es ist nun an der Zeit, den ersten Quartalsabschluss zu erstellen. Die Inventur per Ende März ergibt das folgende Inventar:

Inventar Tauchschule Chris Diermaier vom 31. März 20__

Aktiven	Kasse (Bargeld)			2 000	
	Guthaben auf dem Postkonto			200	
	Guthaben auf dem Bankkonto bei der UBS Winterthur			6 000	
	Guthaben bei Tauchschülern:				
	– Rico Knell, Rechnung Nr. 014		800		
	– Michel Zahno, Rechnung Nr. 006		1 200	2 000	
	Lehrmittel (Bücher und CDs) im Lager			800	
	Tauchausrüstung für Vermietung an Kunden:				
	– 20 Tauchanzüge	pro Stk.	200	4 000	
	– 5 Tarierjackets	pro Stk.	400	2 000	
	– 5 Atemregler-Sets	pro Set	800	4 000	
	– 20 Flossen-Paare	pro Paar	50	1 000	
	– 20 Masken-Schnorchel-Sets	pro Set	50	1 000	
	– 5 Tauchflaschen	pro Stk.	1 000	5 000	
	Kompressor (DC-500)			5 000	
	Lagerhalle			100 000	133 000
./. Fremdkapital	**Offene Lieferantenrechnungen:**				
	– Rechnung Sunrise Monat Februar			200	
	– Rechnung von PADI für Tauchmaterialien			800	– 1 000
	Darlehen (langfristige Schuld) bei Eltern				– 10 000
	Kredit für Lagerhalle				– 50 000	– 61 000
= Eigenkapital					72 000

1.3 Die Bilanz

Alle Aktiven sind entweder mit fremdem oder eigenem Kapital finanziert worden. Die Summe der Aktiven ist deshalb gleich gross wie Fremd- und Eigenkapital zusammen (Passiven). Es gilt die Gleichung Aktiven = Passiven.

Beispiel
Sie kaufen ein gebrauchtes Fahrzeug für CHF 5000.00, wobei Sie sich dafür CHF 2000.00 von einem Freund leihen. Den Rest, also CHF 3000.00, bezahlen Sie aus eigenen Ersparnissen. Wenn Sie nur dieses Fahrzeug besitzen, lässt sich Ihre finanzielle Lage wie folgt darstellen:

Aktiven

Fahrzeug	5000

Passiven

Fremdkapital	2000
Eigenkapital	3000

Die Vermögens- und Finanzierungslage einer Unternehmung wird durch die Gegenüberstellung von Aktiven und Passiven aufgezeigt. Diese Darstellung ist als **Bilanz** (= Waage, ital.: bilancia) zu bezeichnen, weil beide Seiten immer gleich gross sind (Aktiven = Passiven). Eine Bilanz ist als Momentaufnahme von Aktiven und Passiven an einem Stichtag zu verstehen (Bsp.: Jahresabschluss vom 31.12.20___).

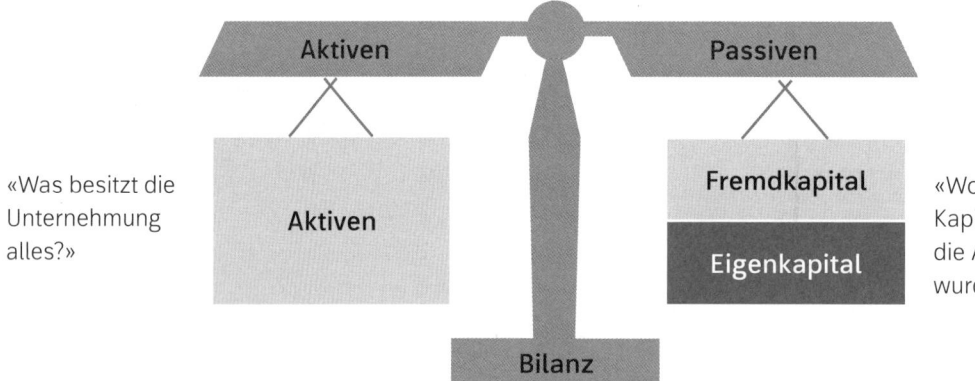

«Was besitzt die Unternehmung alles?»

«Woher stammt das Kapital, mit dem die Aktiven bezahlt wurden?»

Beispiel – Bilanz der Tauchschule Chris Diermaier

Aufgrund des Inventars der Tauchschule Chris Diermaier vom 31.03.20__ wird die nachstehende Bilanz für das erste Quartal errichtet, wobei gleichartige Vermögens- oder Schuldenwerte unter einer Position zusammengefasst sind.

**Bilanz Tauchschule Chris Diermaier
vom 31.03.20__**

Aktiven		Passiven	
Bargeld	2 000	Fremdkapital:	
Guthaben Postkonto	200	Schulden bei Lieferanten	1 000
Guthaben Bankkonto	6 000	Kredit von den Eltern	10 000
Guthaben bei Kunden	2 000	Kredit von der Bank	50 000
Vorräte	800		
Bewegliche Gegenstände	22 000	Eigenkapital:	72 000
Lagerhalle	100 000		
	133 000		133 000

Grundsätze für die Darstellung der Bilanz
- Zur Trennung von Aktiven und Passiven wird ein T-Kreuz verwendet (Darstellung in Kontenform).
- Aktiven sind links, Passiven rechts.
- Die Bilanz trägt als Titel die Firma und das Abschlussdatum (Tag, Monat, Jahr).
- Aktiven dürfen nicht mit Passiven verrechnet werden.
- Aktiven und Passiven werden je summiert, um die Ausgeglichenheit der Bilanz aufzuzeigen (Aktiven = Passiven).
- Die Bilanz soll vollständig, klar und übersichtlich sein.

Die Bilanz

Was ist unter Konten im Rechnungswesen zu verstehen?

Bei einer Unternehmung fällt ein detailliertes Inventar meistens sehr umfangreich aus. Um die Bilanz übersichtlich zu gestalten, sind aus diesem Grund gleichartige Vermögens- oder Schuldenwerte aus dem Inventar unter einer Bilanzposition zusammenzufassen.

Während des Geschäftsjahres wird für jede Bilanzposition elektronisch im Buchhaltungsprogramm eine Liste mit Zu- und Abnahmen geführt, so dass am Ende des Geschäftsjahres nur noch der Endbestand der Liste als Position in der Bilanz einzutragen ist. Diese «Listen» werden in der Fachsprache als **Konten** (lat.: computus, «Berechnung»; ital.: conto, «Rechnung») bezeichnet, weil sie eine laufende Rechnung mit Zu- und Abnahmen verkörpern. Für Konten gibt es allgemein anerkannte Bezeichnungen, die die darin enthaltenen Vermögens- oder Schuldenwerte beschreiben.

Typische Konten im Rechnungswesen

Konten	Erklärung
Kasse	Gesamtes Bargeld der Unternehmung (Zusammenzug aller Kassen)
Post	Guthaben (oder Schuld) auf dem Postkonto (kann auch unter den Konten Bankguthaben bzw. -Verbindlichkeiten geführt werden, da die Post eine Banklizenz hat)
Bankguthaben	Guthaben auf dem Bankkonto (Zusammenzug aller Bankkonten)
Bankverbindlichkeiten	Total Kredit auf dem Bankkonto (Kontostand im Minus)
Forderungen aus Lieferungen und Leistungen (FLL, Debitoren)	Total unbezahlte Kundenrechnungen (an Kunden ausgestellte Rechnungen für erbrachte Leistungen, die noch nicht bezahlt worden sind)
Vorräte	Wert des Vorrats unverkaufter Handelswaren oder Erzeugnisse (Produkte, Fabrikate)
Fahrzeuge	Wert aller Fahrzeuge
Mobilien	Wert aller beweglichen Gebrauchsgegenstände (keine Verbrauchsmaterialien)
Immobilien, Liegenschaften	Wert aller unbeweglichen Gebrauchsobjekte (Bsp.: Grundstück, Haus)
Patente & Lizenzen	Verwertungsrechte (Bsp.: das Recht, mit einer technischen Erfindung Geld zu verdienen)
Verbindlichkeiten aus Lieferungen und Leistungen (Kreditoren)	Total unbezahlte Lieferantenrechnungen (von Lieferanten erhaltene Rechnungen für bezogene Leistungen, die wir noch nicht bezahlt haben)
Darlehen	Langfristige Schuld bei einer Drittperson
Hypotheken	Grundpfandgesicherter Kredit (Die Bank leiht der Unternehmung Geld, wobei eine Liegenschaft der Bank für den Fall als Sicherheit dient, dass die Unternehmung die Zins- oder Rückzahlungsraten nicht mehr bezahlen kann.)

Beispiel – Bilanz der Tauchschule Chris Diermaier mit Konten

Aufgrund des Inventars der Tauchschule Chris Diermaier vom 31.03.20__ wird die nachstehende Bilanz für das erste Quartal errichtet, wobei gleichartige Vermögens- oder Schuldenwerte von einem gemeinsamen Konto erfasst werden.

Bilanz Tauchschule Chris Diermaier vom 31.03.20__

Aktiven		Passiven	
Kasse	2 000	Fremdkapital:	
Post	200	Verbindlichkeiten LL*	1 000
Bank	6 000	Darlehen	10 000
Forderungen LL*	2 000	Hypotheken	50 000
Vorräte	800		
Mobilien	22 000	Eigenkapital	72 000
Immobilien	100 000		
	133 000		133 000

*LL = Lieferungen und Leistungen

Auszüge aus dem Obligationenrecht (Bundesgesetz) zu den Grundsätzen der Bilanzierung

B. Buchführung	**Art. 957a** (...) ² Sie folgt den Grundsätzen ordnungsmässiger Buchführung. Namentlich sind zu beachten: 1. die vollständige, wahrheitsgetreue und systematische Erfassung der Geschäftsvorfälle und Sachverhalte; 2. der Belegnachweis für die einzelnen Buchungsvorgänge; 3. die Klarheit; 4. die Zweckmässigkeit mit Blick auf die Art und Grösse des Unternehmens; 5. die Nachprüfbarkeit. (...)

1.4 Gruppierung & Ordnung von Bilanzpositionen

Damit eine Bilanz an Übersichtlichkeit, Vergleichbarkeit und Aussagekraft gewinnt, werden die einzelnen Bilanzpositionen (Konten) in Gruppen aufgeteilt und innerhalb jeder Gruppe nach bestimmten Kriterien geordnet.

Bilanz

Aktiven | **Passiven**

① Umlaufvermögen (UV)

Welche Positionen gehören in das Umlaufvermögen?

Positionen, die dazu bestimmt sind, innerhalb eines Jahres wieder in Geld umgewandelt zu werden (Umlauf).

Wie ist die Reihenfolge der Positionen innerhalb des Umlaufvermögens?

Je schneller eine Position zu Bargeld umgewandelt werden kann, desto weiter oben ist sie aufzuführen.

→ Nach Liquidierbarkeit

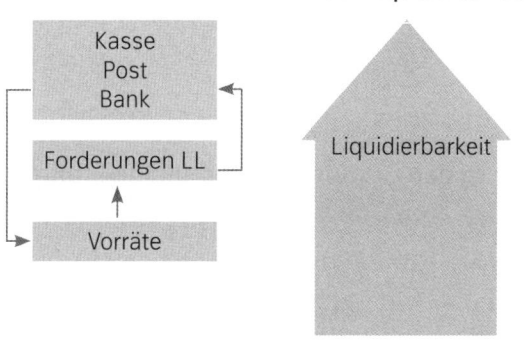

- Kasse / Post / Bank
- Forderungen LL
- Vorräte

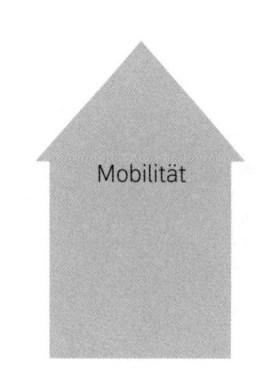

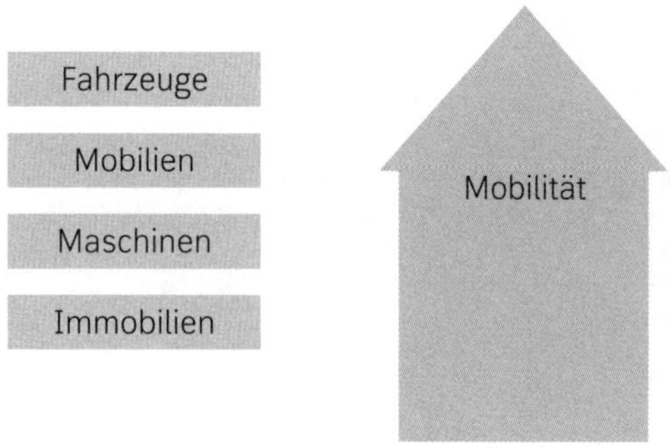

③ Fremdkapital (FK)

Welche Positionen gehören in die Gruppe Fremdkapital?

Positionen, die Schulden gegenüber Drittpersonen darstellen.

Wie ist die Reihenfolge der Positionen innerhalb des Fremdkapitals?

Je schneller eine Schuld zurückbezahlt werden muss, desto weiter oben ist sie aufzuführen.

→ Nach Fälligkeit

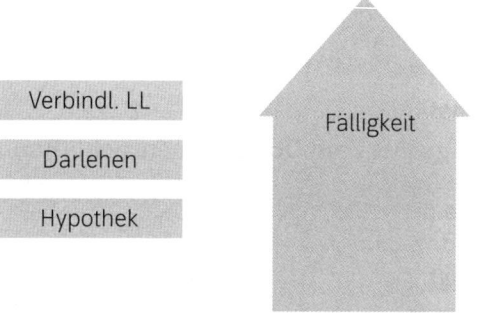

- Verbindl. LL
- Darlehen
- Hypothek

② Anlagevermögen (AV)

Welche Positionen gehören in die Gruppe Anlagevermögen?

Positionen, die die Unternehmung dauerhaft für den Betrieb braucht (länger als 1 Jahr bzw. nicht dazu bestimmt, innerhalb eines Jahres wieder in Geld umgewandelt zu werden).

Wie ist die Reihenfolge der Positionen innerhalb des Anlagevermögens?

Grundsatz: Je beweglicher eine Anlage, desto weiter oben ist sie aufzuführen.

→ Nach Mobilität

- Fahrzeuge
- Mobilien
- Maschinen
- Immobilien

④ Eigenkapital (EK)

Welche Positionen gehören in die Gruppe Eigenkapital?

Positionen, die von den Eigentümern eingebrachtes Kapital oder von der Unternehmung selbst erwirtschaftetes Kapital darstellen.

Wie ist die Reihenfolge der Positionen innerhalb des Eigenkapitals?

1. Von Eigentümer eingebrachtes Kapital (Grundkapital)
2. Zuwachskapital (Bsp.: Reserven)
3. Unverteilte Gewinne

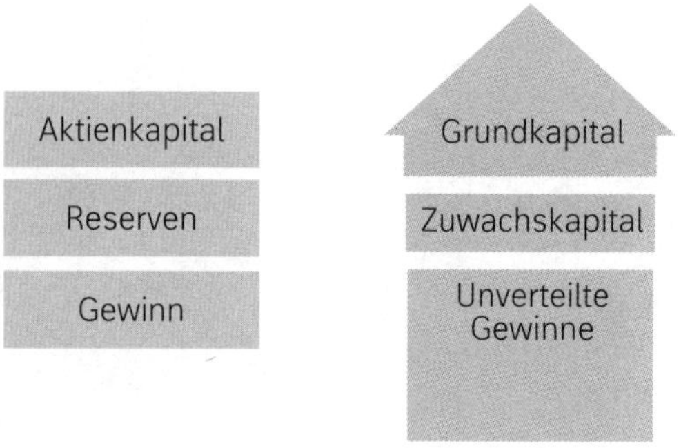

- Aktienkapital → Grundkapital
- Reserven → Zuwachskapital
- Gewinn → Unverteilte Gewinne

Beispiel – Gruppierte Bilanz der Tauchschule Chris Diermaier

Aufgrund des Inventars der Tauchschule Chris Diermaier vom 31.03.20__ wird die folgende Bilanz nach den allgemein anerkannten Grundsätzen für Gruppierung und Ordnung erstellt.

Bilanz Tauchschule Chris Diermaier vom 31.03.20__

Aktiven			Passiven		
❶ Umlaufvermögen (UV)			**❸ Fremdkapital (FK)**		
Kasse	2 000		Verbindlichkeiten LL	1 000	
Post	200		Darlehen	10 000	
Bank	6 000		Hypotheken	50 000	**61 000**
Forderungen LL	2 000				
Vorräte	800	**11 000**			
❷ Anlagevermögen (AV)			**❹ Eigenkapital (EK)**		
Mobilien	22 000		Eigenkapital	72 000	**72 000**
Immobilien	100 000	**122 000**			
		133 000			133 000

❶ Umlaufvermögen (UV)

Das Bargeld in der Kasse oder das Buchgeld auf dem Post- und Bankkonto sind ständig im Umlauf, wie das nachfolgende Beispiel aufzeigt. Die Tauchschule kauft mit dem Geld auf dem Bankkonto Lehrmittel (→ Vorräte). Vorrätige Lehrmittel wiederum gehören ebenfalls zum Umlaufvermögen, weil sie an Kunden ausgeliefert werden und dafür eine Rechnung gestellt wird (→ Forderungen LL). Sobald die Kunden die Rechnungen bezahlen, bekommt die Tauchschule wieder Geld (→ Kasse, Post oder Bank) und der Umlauf beginnt von Neuem. Dieser Umlauf zeigt, dass die daran beteiligten Positionen entweder schon Geld vertreten oder dazu bestimmt sind, innert kurzer Frist (max. 1 Jahr) in Geld umgewandelt zu werden. Je schneller eine Position innerhalb des Umlaufvermögens zu Bargeld umgewandelt werden kann, desto weiter oben steht sie (Ordnung nach Liquidierbarkeit). Weil die Kasse bereits Bargeld darstellt, steht sie zuoberst.

```
    Kasse
    Post     ——— Kauf von Waren ———→   Vorräte
    Bank                                  |
     ↑                                    |
Kunde bezahlt                        Verkauf von
  Rechnung    ——— Forderungen LL ←——— Waren gegen
                                       Rechnung
```

❷ Anlagevermögen (AV)

Das Anlagevermögen beinhaltet Gegenstände, die die Unternehmung längerfristig (in der Regel länger als 1 Jahr) für den Betrieb ihres Geschäfts benötigt (Bsp.: Tauchflaschen, die immer wieder an Kunden entgeltlich ausgeliehen werden). Diese Gegenstände sind nicht dazu bestimmt, innerhalb eines Jahres wieder in Geld umgewandelt (verkauft) zu werden. In der obigen Bilanz der Tauchschule fallen Tauchausrüstungsgegenstände und der Kompressor unter die Position Mobilien, weil es sich um bewegliche (mobile) Gegenstände handelt. Die Lagerhalle ist entsprechend unter der Position Immobilien («Unbewegliches») aufgeführt. Mobile Anlagen werden in der Regel vor den immobilen Anlagen gelistet (Ordnung nach Beweglichkeit).

❸ Fremdkapital (FK)

Im Fremdkapital sind Positionen aufgelistet, die Schulden gegenüber Dritten darstellen. Je rascher eine Schuld zurückbezahlt werden muss, desto weiter oben steht sie innerhalb des Fremdkapitals (Ordnung nach Fälligkeit). Kreditoren stehen zuoberst, weil sie meistens innerhalb von zehn bis 60 Tagen bezahlt werden müssen, was im Vergleich zu einer Hypothek oder einer anderen Darlehensart kurzfristig ist.

❹ Eigenkapital (EK)

Das Eigenkapital errechnet sich grundsätzlich wie folgt: Aktiven – Fremdkapital = Eigenkapital. In der obigen Bilanz der Tauchschule stellt das Eigenkapital denjenigen Teil des Gesamtkapitals dar, den Chris Diermaier als Eigentümer selber eingebracht hat.

1.5 Kontenrahmen & Kontenplan

Der **Kontenrahmen KMU** wurde von Praktikern und Wissenschaftlern entwickelt, um kleineren und mittelgrossen Unternehmungen (KMU) einen Vorschlag für die Strukturierung und Nummerierung ihrer Konten zu bieten. Der Kontenrahmen gibt eine Dezimalklassifikation (numerisches System) vor, in die die Konten der Unternehmung eingegliedert werden können. Das Verzeichnis aller Konten einer Unternehmung bezeichnet man als **Kontenplan**. Die Kontennummern werden in der Regel auch in Buchhaltungsprogrammen zur Identifikation eines Kontos benötigt.

Kontenrahmen KMU (für Unterrichtszwecke angepasst)

Aktiven	Passiven
1 Aktiven	**2 Passiven**
10 Umlaufvermögen	20 Fremdkapital kurzfristig
100 Flüssige Mittel und Wertschriften	2000 Verbindlichkeiten aus Lieferungen und Leistungen (VLL, Kreditoren)
1000 Kasse	2100 Bankverbindlichkeiten (Kontokorrent)
1010 Post	2200 Geschuldete MWST (Umsatzsteuer)
1020 Bank (Kontokorrent)	2206 Verrechnungssteuer
1060 Wertschriften (kurzfristig realisierbar)	2208 Direkte Steuern
110 Forderungen	2210 Sonstige kurzfristige Verbindlichkeiten
1100 Forderungen aus Lieferungen und Leistungen (FLL, Debitoren)	2261 Beschlossene Ausschüttungen (Dividenden)
1109 Delkredere	2270 Sozialversicherungen und Vorsorgeeinrichtungen
1110 Übrige Debitoren	2300 Passive Rechnungsabgrenzung (PRA)
1170 Vorsteuer MWST	2330 Rückstellungen (kurzfristig)
1176 Verrechnungssteuer	**24 Fremdkapital langfristig**
120 Vorräte	2400 Bankverbindlichkeiten (Bankdarlehen)
1200 Warenbestand (Handelswaren)	2430 Obligationenanleihen
1210 Vorräte Rohstoffe (Rohmaterial)	2451 Hypotheken
1260 Vorräte Fertigfabrikate	2500 Darlehen
130 Aktive Rechnungsabgrenzung	2600 Rückstellungen (langfristig)
1300 Aktive Rechnungsabgrenzung (ARA)	
14 Anlagevermögen	**28 Eigenkapital**
140 Finanzanlagen und Beteiligungen	280 Eigenkapital – Aktiengesellschaft
1420 Beteiligungen	2800 Aktienkapital
1440 Aktivdarlehen	2900 Gesetzliche Reserven
150 Mobile Sachanlagen	2960 Freiwillige Gewinnreserven
1500 Maschinen/Apparate	2970 Gewinnvortrag/Verlustvortrag
1509 WB Maschinen/Apparate	2979 Jahresgewinn oder Jahresverlust
1510 Mobilien/Einrichtungen	280 Eigenkapital – Einzelunternehmung
1519 WB Mobilien/Einrichtungen	2810 Eigenkapital
1530 Fahrzeuge	2850 Privat
1539 WB Fahrzeuge	2891 Jahresgewinn oder Jahresverlust
160 Immobile Sachanlagen	
1600 Liegenschaften (Immobilien)	
1609 WB Liegenschaften (WB Immobilien)	
170 Immaterielle Anlagen	
1700 Patente, Know-how, Lizenzen	
180 Nicht einbezahltes Grund- oder Gesellschafterkapital	
1850 Nicht einbezahltes Aktienkapital	

Kontenhauptgruppen und Kontengruppen

Zu Beginn Ihres Studiums im Rechnungswesen müssen Sie noch nicht alle Kontenbezeichnungen sowie deren Zweck in der Praxis im Detail verstehen. Damit Sie aber die Systematik des KMU-Kontenrahmens nachvollziehen können, finden Sie nachfolgend die Bezeichnungen einzelner Kontenhauptgruppen (zweistellig) und Kontengruppen (dreistellig) kurz erklärt.

100 Flüssige Mittel und Wertschriften
Bargeld oder Buchgeld (Geld auf dem Bank- oder Postkonto) sind Flüssige Mittel. Wertschriften sind Papiere, die ein bewertbares Recht verkörpern und in der Regel an der Börse gehandelt werden (Bsp.: Aktien). Durch die Handelbarkeit an der Börse können Wertschriften relativ gut bewertet und verkauft werden.

110 Forderungen
Kurzfristige Guthaben gegenüber Dritten (in der Regel aus Lieferungen und Leistungen).

120 Vorräte
Vorrat an Handelswaren, Rohstoffen, Halb- und Fertigfabrikaten.

130 Aktive Rechnungsabgrenzung
Guthaben gegenüber dem kommenden Geschäftsjahr (Bsp.: Bezahlung im aktuellen Geschäftsjahr, die eigentlich das kommende Geschäftsjahr betrifft).

140 Finanzanlagen und Beteiligungen
Eigentumsanteile an anderen Unternehmungen oder an Dritte ausgeliehenes Kapital.

150 Mobile Sachanlagen
Bewegliche Gegenstände, die für den Betrieb gebraucht werden.

160 Immobile Sachanlagen
Unbewegliche Gegenstände, die für den Betrieb gebraucht werden oder als zusätzliche Einnahmequelle (Mieterträge) des Unternehmens dienen. Wertberichtigungskonten (WB) erfassen den zeitlichen Wertverlust des Anlagevermögens.

170 Immaterielle Anlagen
Rechte an Erfindungen (Bsp.: das Recht, mit einer technischen Erfindung Geld zu verdienen).

20 Fremdkapital kurzfristig
Schulden, die innert kurzer Zeit zurückbezahlt bzw. erfüllt werden müssen. Das Konto «Transitorische Passiven» dient der zeitlichen Abgrenzung zweier Rechnungsperioden. Es verkörpert eine Schuld gegenüber dem kommenden Geschäftsjahr (Bsp.: im nächsten Geschäftsjahr wird eine Zahlung ausgelöst, die eigentlich das aktuelle Geschäftsjahr betrifft).

24 Fremdkapital langfristig
Schulden, die über Jahre hinweg bestehen. Finanzielle Aufwände, deren genaue Höhe und deren genauer Zeitpunkt der Bezahlung unbekannt sind, werden im Konto Rückstellungen erfasst.

280 Eigenkapital – Aktiengesellschaft
Kommt nur bei Aktiengesellschaften (AG) vor. Von den Eigentümern (Aktionären) gegen Ausgabe eines Wertpapiers (Aktie) einbezahltes oder geschuldetes Kapital sowie von der Unternehmung selbst angespartes Eigenkapital (zurückbehaltene Gewinne bzw. Reserven).

280 Eigenkapital – Einzelunternehmung
Kommt nur bei Einzelunternehmungen vor. Vom Eigentümer eingebrachtes Kapital, das der Unternehmung als Eigenkapital dient.

1.6 Veränderung der Bilanz

Die Bilanz stellt eine Momentaufnahme von Aktiven und Passiven an einem bestimmten Stichtag dar (Bsp.: 31.12.20__). Diese Momentaufnahme kann aber jeden Tag unterschiedlich aussehen, weil das Rechnungswesen täglich neue Geschäftsfälle der Unternehmung erfasst.

Geschäftsfälle können sich wie folgt auf die Bilanz auswirken:

Auswirkung auf Bilanzsumme	Mögliche Geschäftsfälle		
	Fachbegriff	Erklärung	Beispiel
Bilanzsumme bleibt gleich Summe der Aktiven bleibt gleich und Summe der Passiven bleibt gleich	Aktivtausch	Umverteilung innerhalb der Aktiven, wobei die Summe aller Aktiven gleich bleibt.	Kauf von Mobilien gegen Barzahlung
	Passivtausch	Umverteilung innerhalb der Passiven, wobei die Summe aller Passiven gleich bleibt.	Umwandlung einer Lieferantenschuld in ein Darlehen
Bilanzsumme wird grösser Summe der Aktiven nimmt zu und Summe der Passiven nimmt zu	Kapital-beschaffung	Es kommen neue Aktiven hinzu, die mit Eigen- oder Fremdkapital finanziert werden.	Der Kauf einer Immobilie wird mit einer Hypothek finanziert
Bilanzsumme wird kleiner Summe der Aktiven nimmt ab und Summe der Passiven nimmt ab	Kapital-rückzahlung	Mit den Aktiven wird Fremd- oder Eigenkapital zurück- bzw. ausbezahlt	Bankzahlung einer Kreditorenrechnung

Unabhängig vom Geschäftsfall gilt immer:

Die Summe der Aktiven ist immer gleich gross wie die Summe der Passiven.

**Beispiel – Geschäftsfälle verändern die Bilanz
der Tauchschule Chris Diermaier im zweiten Quartal 20__**

Geschäftsfall	Bilanz nach dem Geschäftsfall	Veränderung Bilanz
01.04.20__: Aufgrund der Bilanz vom 31.03.20__ wird die Eröffnungsbilanz vom 01.04.20__ erstellt	**Bilanz Tauchschule C. Diermaier 01.04.20__** Aktiven / Passiven Flüssige Mittel 8 200 / Verbindlichkeiten LL 1 000 Forderungen LL 2 000 / Darlehen 10 000 Vorräte 800 / Hypotheken 50 000 Mobilien 22 000 Immobilien 100 000 / Eigenkapital 72 000 133 000 / 133 000	**Eröffnung**
02.04.20__: Kauf eines neuen Tauchcomputers für CHF 1 200.00 gegen Barzahlung	**Bilanz Tauchschule C. Diermaier 02.04.20__** Aktiven / Passiven Flüssige Mittel 7 000 / Verbindlichkeiten LL 1 000 Forderungen LL 2 000 / Darlehen 10 000 Vorräte 800 / Hypotheken 50 000 Mobilien 23 200 Immobilien 100 000 / Eigenkapital 72 000 133 000 / 133 000	**Aktivtausch:** + Aktiven – Aktiven **Bilanzsumme bleibt gleich**
03.04.20__: Die Eltern verzichten auf ihr Darlehen von CHF 10 000.00 und überlassen es der Unternehmung als Eigenkapital	**Bilanz Tauchschule C. Diermaier 03.04.20__** Aktiven / Passiven Flüssige Mittel 7 000 / Verbindlichkeiten LL 1 000 Forderungen LL 2 000 / Darlehen 0 Vorräte 800 / Hypotheken 50 000 Mobilien 23 200 Immobilien 100 000 / Eigenkapital 82 000 133 000 / 133 000	**Passivtausch:** + Passiven – Passiven **Bilanzsumme bleibt gleich**
04.04.20__: Kauf einer neuen Tauchflasche für CHF 800.00 auf Rechnung	**Bilanz Tauchschule C. Diermaier 04.04.20__** Aktiven / Passiven Flüssige Mittel 7 000 / Verbindlichkeiten LL 1 800 Forderungen LL 2 000 / Darlehen 0 Vorräte 800 / Hypotheken 50 000 Mobilien 24 000 Immobilien 100 000 / Eigenkapital 82 000 133 800 / 133 800	**Kapitalbeschaffung:** + Aktiven + Passiven **Bilanzsumme nimmt zu**
05.04.20__: Die Kreditorenrechnung vom 04.04. wird über die Bank bezahlt	**Bilanz Tauchschule C. Diermaier 05.04.20__** Aktiven / Passiven Flüssige Mittel 6 200 / Verbindlichkeiten LL 1 000 Forderungen LL 2 000 / Darlehen 0 Vorräte 800 / Hypotheken 50 000 Mobilien 24 000 Immobilien 100 000 / Eigenkapital 82 000 133 000 / 133 000	**Kapitalrückzahlung:** – Aktiven – Passiven **Bilanzsumme nimmt ab**

Kontrollfragen

1. Nennen Sie fünf Beispiele für Aktiven einer Unternehmung und erklären Sie allgemein, was unter Aktiven zu verstehen ist.

2. Nennen Sie fünf Beispiele für Passiven einer Unternehmung und erklären Sie allgemein, was unter Passiven zu verstehen ist.

3. Was ist der Unterschied zwischen Eigenkapital und Fremdkapital?

4. Warum sind Aktiven und Passiven gleich gross?

5. Was ist der Unterschied zwischen Inventar und Inventur?

6. Was ist im Rechnungswesen unter dem Begriff «Konto» zu verstehen?

7. Was bedeuten diese Kontenbezeichnungen?
   Debitoren, Mobilien, Immobilien, Patente & Lizenzen, Kreditoren, Hypotheken

8. Was ist der Unterschied zwischen Umlauf- und Anlagevermögen?

9. Nach welchen Kriterien werden Konten in die Gruppen Umlauf- oder Anlagevermögen eingeteilt?

10. Nach welcher Reihenfolge werden die Konten innerhalb des Umlaufvermögens gegliedert?

11. Nach welcher Reihenfolge werden die Konten innerhalb des Anlagevermögens gegliedert?

12. Nach welcher Reihenfolge werden die Konten innerhalb des Fremdkapitals gegliedert?

13. Nach welcher Reihenfolge werden die Konten innerhalb des Eigenkapitals gegliedert?

14. Was ist der Kontenrahmen KMU und welchem Zweck dient er?

15. Was ist unter einem Aktivtausch zu verstehen und wie wirkt er sich auf die Bilanzsumme aus?

16. Was ist unter einem Passivtausch zu verstehen und wie wirkt er sich auf die Bilanzsumme aus?

17. Was ist unter einer Kapitalbeschaffung zu verstehen und wie wirkt sie sich auf die Bilanzsumme aus?

18. Was ist unter einer Kapitalrückzahlung zu verstehen und wie wirkt sie sich auf die Bilanzsumme aus?

Notizen

Lösungen zu den Kontrollfragen

1. Die Vermögenswerte einer Unternehmung
   (Bsp.: Bargeld, Guthaben von Kunden, Fahrzeuge, Computer, Immobilien)

2. Die Passiven zeigen, woher das Kapital zur Finanzierung der Aktiven stammt (Kapital von Fremden = Fremdkapital, Kapital von Eigentümern bzw. von der Unternehmung selber erwirtschaftet = Eigenkapital).
   Beispiele Fremdkapital: Kreditoren, Bankschuld, Darlehen, Hypotheken.
   Beispiele Eigenkapital: Aktienkapital, Reserven, Gewinnvortrag.

3. Fremdkapital sind Schulden gegenüber Dritten. Eigenkapital ist das von den Eigentümern in die Unternehmung eingebrachte Kapital sowie das von der Unternehmung selber erwirtschaftete Kapital.

4. Alles, was die Unternehmung besitzt (Aktiven) wurde mit Eigen- oder Fremdkapital (Passiven) finanziert.

5. Inventur ist das eigentliche Zählen, Erfassen und Bewerten der Vermögens- und Schuldenwerte. Das Inventar ist das aus der Inventur resultierende Verzeichnis über alle Vermögenswerte und Schulden.

6. Liste mit Zu- und Abnahmen (Bsp.: Liste mit Kassenein- und ausgängen)

7. Debitoren = Guthaben gegenüber Kunden, Mobilien = bewegliche Gegenstände, Immobilien = unbewegliche Gegenstände, Patente & Lizenzen = Erlaubnis bzw. Recht, mit einer Erfindung (Bsp.) Geld zu verdienen, Kreditoren = Schulden bei Lieferanten, Hypotheken = Darlehen einer Bank, wobei die Bank das Recht hat, bei Zahlungsausfall die Immobilie verwerten zu lassen.

8. Das Umlaufvermögen umfasst Vermögensteile, die nie lange in ihrer Form bleiben, also ständig im Umlauf sind und in der Regel spätestens nach einem Jahr wieder in Geld umgewandelt werden sollen (Geld → Vorräte → Debitoren → Geld → usw.). Das Anlagevermögen umfasst Vermögensteile, die der Unternehmung über längere Zeit dienen sollen und nicht dazu bestimmt sind, gleich wieder verkauft zu werden (Bsp.: Maschinen, Fahrzeuge, Immobilien).

9. Umlaufvermögen: Alle Vermögensteile, die dazu bestimmt sind, innerhalb eines Jahres zu Geld umgewandelt zu werden, Anlagevermögen: Alle Vermögensteile, die dazu bestimmt sind, der Unternehmung länger als 1 Jahr zu dienen.

10. Nach Liquidierbarkeit: «Je schneller etwas zu Geld umgewandelt werden kann, desto weiter oben steht es.»

11. Grundsätzlich nach Beweglichkeit

12. Nach Fälligkeit: «Je schneller eine Schuld zurückbezahlt werden muss, desto weiter oben steht sie.»

13. Zuerst kommt das von den Eigentümern eingebrachte Kapital (Grundkapital) und danach das von der Unternehmung selbst erwirtschaftete Kapital (Reserven, Gewinn).

14. Eine Fachempfehlung für Gruppierung, Ordnung und Bezeichnung von Konten für kleinere und mittelgrosse Unternehmungen (KMU)

15. Umverteilung innerhalb der Aktiven, wobei die Summe aller Aktiven gleich bleibt. Die Bilanzsumme verändert sich nicht.

16. Umverteilung innerhalb der Passiven, wobei die Summe aller Passiven gleich bleibt. Die Bilanzsumme verändert sich nicht.

17. Es kommen neue Aktiven hinzu, welche mit Eigen- oder Fremdkapital finanziert werden. Die Bilanzsumme steigt.

18. Mit den Aktiven wird Fremd- oder Eigenkapital zurückbezahlt. Die Bilanzsumme nimmt ab.

Aufgaben

Aufgabe 1 (Begriffsdefinitionen und Beispiele) ● ○ ○

Erklären Sie die nachstehenden Fachbegriffe und geben Sie je zwei Beispiele.

Fachbegriff	Erklärung	Beispiel
Aktiven		
Passiven		
Fremdkapital		
Eigenkapital		

Aufgabe 2 (Persönliche Inventur) ● ○ ○

Wie hoch ist Ihr persönliches Eigenkapital? Erstellen Sie ein grobes Inventar Ihrer persönlichen Vermögens- und Schuldenwerte. Führen Sie zuerst alle Aktiven auf, sodass Sie danach ein allfälliges Fremdkapital abziehen können und ihr Eigenkapital als Endresultat erhalten.

Aktiven	
./. Fremdkapital	
= Eigenkapital	

Aufgabe 3 (Inventar der Fahrschule Emil Wettstein)

Emil Wettstein ist bereits seit einem Jahr als Fahrlehrer selbstständig und benötigt nun Ihre Hilfe, um ein Inventar seines Geschäfts zu erstellen. Per E-Mail erhalten Sie folgende Liste als Ergebnis der Inventur:

Geld im Portmonee		200
Vorrat an Theorie-CDs (20 Stk. im Wert von je CHF 50)		1 000
Unbezahlte Rechnungen, die an Schülern ausgestellt wurden		3 000
Geld in Kasse		800
Laptop Chiptron M-500		2 200
Schulden bei den Eltern		10 000
Fahrzeug VW Golf VI (Grundausstattung ab Werk)	Neuwert	55 000
	Zeitwert	40 000
Offene Rechnung der Garage Meierhofer vom 14.12. für den Umbau des Fahrzeugs		6 000
Portables Navigationsgerät Vasco PXT (nicht im Fahrzeug eingebaut)		1 000
Guthaben auf UBS Winterthur		5 000
Fahrlehrer-Ausrüstung des Fahrzeugs (zusätzliche Pedalen auf Beifahrerseite)		gemäss Rechnung
Kopiergerät Colopy 4p		2 800
Gewerbehalle mit Parkplatz und Schulungsraum		100 000
Hypothek auf Gewerbehalle bei UBS Winterthur		60 000

a) Erstellen Sie das Inventar der Fahrschule Emil Wettstein. Unterteilen Sie die Positionen in Aktiven und Fremdkapital. Weisen Sie als Ergebnis das Eigenkapital aus (Aktiven – Fremdkapital = Eigenkapital).

b) Ist der Umbau am Fahrzeug derzeit mit Fremd- oder Eigenkapital finanziert? Begründen Sie Ihre Antwort kurz.

Aufgaben

Aufgabe 4 (Bilanzgleichung) ●○○

Vervollständigen Sie die Kurzbilanzen

a)

A		P	
UV	20	FK	15
AV	60	EK	65
	80		80

b)

A		P	
UV	20	FK	60
AV	110	EK	70
	130		130

c)

A		P	
UV	50	FK	15
AV	50	EK	85
	100		100

d)

A		P	
UV	60	FK	30
AV	140	EK	170
	200		200

Aufgabe 5 (Bezeichnung von Bilanzkonten) ●○○

Welches Konto wird erklärt?

Konten	Erklärung
Darlehen	Langfristige Schuld bei einer Drittperson
Forderungen aus Lieferungen und Leistungen (Debitoren)	An Kunden ausgestellte Rechnungen für erbrachte Leistungen, die noch nicht bezahlt worden sind
Fahrzeuge	Wert aller Fahrzeuge
Hypothek	Grundpfandgesicherter Kredit
Immobilien (Liegenschaften)	Wert aller unbeweglicher Objekte (Bsp.: Grundstück, Haus)
Verbindlichkeiten aus Lieferungen und Leistungen (Kreditoren)	Von Lieferanten erhaltene Rechnungen für bezogene Leistungen, die noch offen sind
Mobiliar	Wert aller beweglichen Gebrauchsgegenstände
Post	Guthaben auf dem Postkonto
Warenvorrat	Wert des Vorrats an unverkauften Handelswaren
Kasse	Zusammenzug des gesamten Bargelds
Bank	Total Guthaben oder Schuld auf dem Bankkonto

Aufgabe 6 (Vom Inventar zur Bilanz der Fahrschule Emil Wettstein)

Nachdem Sie in Aufgabe 3 das Inventar der Fahrschule Emil Wettstein errichtet haben, können Sie nun die Bilanz erstellen.

a) Fassen Sie gleichartige Positionen aus dem Inventar (vgl. Aufgabe 3) unter den dazu passenden Konten in der nachstehenden Bilanz zusammen.

**Bilanz Fahrschule Emil Wettstein
vom 31.03.20__**

Aktiven		Passiven	
Umlaufvermögen		**Fremdkapital**	
Kasse		Verbindlichkeiten LL	
Bank		Darlehen	
Forderungen LL		Hypotheken	
Vorräte			
Anlagevermögen		**Eigenkapital**	
Fahrzeug(e)		Eigenkapital	
Mobilien			
Immobilien			

b) Angenommen, Emil Wettstein würde seine Fahrschule wieder auflösen, wie viel Geld würde er nach der Liquidation (Verkauf des Vermögens) etwa für seine Unternehmung bekommen?

c) Welche Rechtsform weist die Unternehmung von Emil Wettstein auf?

Aufgaben

Aufgabe 7 (Verständnisaufgabe Bilanzgliederung) ● ○ ○

a) Teilen Sie die nachstehenden Begriffe und Definitionen in die nummerierten Bereiche der Bilanz ein.

```
          Bilanz
Aktiven          Passiven
   1                3
   2                4
```

	1	2	3	4
Vermögensteile, die dazu bestimmt sind, innerhalb von einem Jahr in Geld umgewandelt zu werden				
Fremdkapital				
Anlagevermögen				
Vermögensteile, die dazu bestimmt sind, länger als ein Jahr nicht verkauft zu werden				
Eigenkapital				
Schulden gegenüber Dritten				
= Aktiven minus Fremdkapital				
Umlaufvermögen				

b) Teilen Sie die Konten in die Gruppen Umlaufvermögen (UV), Anlagevermögen (AV), Fremdkapital (FK) oder Eigenkapital (EK) ein.

	UV	AV	FK	EK
Maschinen				
Reserven				
Bankschuld				
Verbindlichkeiten LL				
Patente & Lizenzen				
Kasse				
Hypotheken				
Warenvorräte				
Beteiligungen				

c) Beschreiben Sie in eigenen Worten möglichst einfach, nach welchen Kriterien die Konten innerhalb der jeweiligen Gruppen geordnet werden.

Bilanz vom 31.12.20__

Aktiven	Passiven
Wie ordnen Sie Konten im **Umlaufvermögen**?	Wie ordnen Sie Konten im **Fremdkapital**?
Wie ordnen Sie Konten im **Anlagevermögen**?	Wie ordnen Sie Konten im **Eigenkapital**?

d) In der nachfolgenden Bilanz wurden die Konten teilweise in der falschen Reihenfolge oder gar in der falschen Kontengruppe eingeteilt. Korrigieren Sie die Fehler.

Aktiven	Passiven
Umlaufvermögen	**Fremdkapital**
Maschinen	Forderungen LL
Immobilien	Verbindlichkeiten LL
Reserven	Bankschuld
Wertschriften	Hypotheken
Anlagevermögen	**Eigenkapital**
Kasse	Patente & Lizenzen
Fahrzeuge	Bank
Post	Vorräte
Aktienkapital	

Aktiven	Passiven
Umlaufvermögen	Fremdkapital
Anlagevermögen	Eigenkapital

Aufgabe 8 (Bilanz eines Bauernhofs)

Der Landwirtschaftsbetrieb Familie Hurscheler in Hasli (Bern) weist Ende Jahr folgendes Inventar aus:

Kategorie	Bezeichnung	Anzahl	Einheit	Wert pro Einheit	Total
Fahrzeuge & Zubehör	Personenwagen Toyota Rav-4 2.2				12 000
	Traktor, Buecher PT-40				25 000
	Schneepflug zu Traktor				1 500
	Bandrechen zu Motormäher, Reform M-12				2 000
	Kreiselheuer Claas Volto 45				3 900
	Reform Transporter Muli 500 (mit Ladegerät)				60 000
	Schilter Transporter mit Holzbrücke				3 500
	Motormäher Rapid 505	2	Stk.	4 000	8 000
Maschinen	Standeimer-Melkanlage Alpha Laval				3 000
	Klein- und Werkstattgeräte				4 000
	Jauche-Verschlauchungsanlage, Stöckli 3-Kolben-Pumpe				5 000
Tiere*	Milchkühe (Braunvieh)	10	Tiere	2 500	25 000
	Mastkälber (Limousin)	4	Tiere	1 000	4 000
Land	Bergzone II	12.4	ha	1 800	22 500
Liegenschaften	Bauernhaus mit Werkstatt				850 000
	Stallgebäude				720 000
Vorräte	Heu-Vorrat (Futter)	50	to	220	11 000
	Silo-Vorrat	50	m³	80	4 000
Geld	Bargeld				1 000
	Bank				45 000
Guthaben	Guthaben bei Gemeinde für Wartungsdienst an Zufahrtsstrasse				200
Schulden	Offene Rechnung für Dünger				460
	Hypothek auf dem Betrieb				470 000

* Milchkühe dienen der Gewinnung von Milch und werden nicht verkauft. Mastkälber werden aufgezogen und nach ein paar Monaten an einen Fleischverarbeiter aus der Region verkauft.

a) Erstellen Sie auf der Folgeseite die Bilanz vom 31.12.20__ für den Landwirtschaftsbetrieb Hurscheler. Beschriften und gliedern Sie die Bilanz nach den allgemein anerkannten Regeln (Kontenrahmen KMU).

b) Wie viele Prozente beträgt das Eigenkapital vom Gesamtkapital (Eigenfinanzierungsgrad)?

c) Welchem Wirtschaftssektor gehört der Landwirtschaftsbetrieb Hurscheler an?

Lösung zu Teilaufgabe a

Aufgaben

Aufgabe 9 (Lückentext)

Füllen Sie die Lücken mit den passenden Fachausdrücken.

Kasse, Post und Bank bilden zusammen die _____, auch etwa _____ genannt. Die offenen Rechnungen bei Lieferanten heissen _____. Die Vorräte gehören ins _____-vermögen. Dieses bildet zusammen mit dem _____ vermögen die _____. Der Ausdruck _____ bedeutet wörtlich «Waage», weil die _____ und die _____ gleich gross sind.

Was die Chefin aus dem Privatvermögen ins Geschäft eingelegt hat, ist das _____. Das _____ stellt Schulden dar. Was wir von den Kunden aus unbezahlten Rechnungen zugut haben, heisst _____.

Für den Kauf eines Hauses erhalten wir von der Bank eine _____.

Unter _____ verstehen wir die Liegenschaften.

Das Umlaufvermögen wird nach der _____ gegliedert, das Fremdkapital nach der _____ zur Rückzahlung. Einmal im Jahr ist das _____ aufzunehmen. Die Aufnahme des Inventars heisst _____.

Aufgabe 10 (KMU-Kontenrahmen und Kontenplan)

a) In welche **Kontenhauptgruppe** gehören die folgenden Bilanzpositionen? Kreuzen Sie die zutreffende Lösung an.

UV: Umlaufvermögen FK: Fremdkapital
AV: Anlagevermögen EK: Eigenkapital

	UV	AV	FK	EK
Kasse				
Aktienkapital				
Hypothekarschuld				
Lizenzen				

b) In welche **Kontengruppe** gehören die folgenden Bilanzpositionen? Kreuzen Sie die zutreffende Lösung an.

	Finanzanlagen	Mobile Sachanlagen	Immobile Sachanlagen	Immaterielle Sachanlagen
Maschinen				
Beteiligungen				
Patente				
Bauland				

c) Welche **Branche(n)** benötigt die folgenden Konten? Kreuzen Sie die zutreffende Lösung an.

	Treuhand	Handel	Fabrikation
Fertigfabrikatebestand			
Warenvorrat			
Rohmaterialbestand			
Kasse			
Maschinen			

d) Bei welcher **Rechtsform** kommen die folgenden Konten vor? Kreuzen Sie die zutreffende Lösung an.

	Einzelunternehmung	Aktiengesellschaft
Aktienkapital		
Gewinnvortrag		
Eigenkapital		
Reserven		

Aufgaben

Aufgabe 11 (Bilanz Berghütte Gletscherbach) ●○○

Steffi Zgraggen hat gerade ihre kaufmännische Lehre im Treuhandbüro Blatter begonnen und muss nun lernen, eine Bilanz zu erstellen. Sie bekommt folgende Aufträge:

a) Auftrag 1
   Erstellen Sie mit den folgenden Bilanzpositionen die Bilanz der Berghütte Gletscherbach vom 31.12.20__. Achten Sie auf eine sinnvolle **Gliederung** gemäss Kontenrahmen KMU.

> Bankguthaben 25 890, Forderungen LL 777, **Eigenkapital ?,** Hypothek 9 090, Immobilien 50 500, Kasse 4 444, Verbindlichkeiten LL 909, Mobiliar 5 055, Post 13 333

Fortsetzung Aufgabe 11

b) Auftrag 2

Erstellen Sie mit den folgenden Bilanzpositionen die Bilanz der Berghütte Gletscherbach vom 31.12.20__. Fassen Sie dazu die aufgeführten Bilanzpositionen zusammen und weisen Sie **nur die Kontengruppen** gemäss Kontenrahmen KMU aus (Tipp: Kontengruppen sind nicht das Gleiche wie Kontenhauptgruppen). Das Fremdkapital soll nach Kontenhauptgruppen gegliedert sein.

Bankguthaben 25 890, Forderungen LL 777, **Eigenkapital ?,** Hypothek 9 090, Immobilien 50 500, Kasse 4 444, Verbindlichkeiten LL 909, Mobiliar 5 055, Post 13 333

Aufgabe 12 (Bilanz von einem bekannten Schweizer Eishockey-Club)

Nachfolgend finden Sie die echten Bilanzpositionen eines bekannten Schweizer Eishockey-Clubs per 30. April 20__ alphabetisch geordnet (für Schulzwecke leicht angepasst).

Aktienkapital (Eigenkapital)	2 616 050
Bankschuld	579 920
Beteiligungen	30 000
Bilanzverlust (Eigenkapital)	−1 033 892
Passivdarlehen von Dritten	626 142
Bankguthaben	104 223
Forderungen aus Lieferungen und Leistungen	4 488 970
Verbindlichkeiten aus Lieferungen und Leistungen	3 487 566
Lizenzen	2 996 090
Reserven (Eigenkapital)	137 650
Sachanlagen	915 048
Transitorische Passiven	1 647 933
Rückstellungen (langfristig)	982 051
Vorräte	509 089

Erstellen Sie aus den obigen Angaben eine Bilanz nach den allgemein anerkannten Grundsätzen für Darstellung und Beschriftung.

Aufgabe 13 (Bilanz einer grossen Telekommunikationsunternehmung)

Von einer grossen Telekommunikationsunternehmung sind folgende Angaben aus dem Geschäftsbericht bekannt (Beträge in Mio. CHF):

Flüssige Mittel	862.4
Wert verschiedener Rechte (UMTS-Lizenzen, Marke «Natel»)	424.7
Wertschriften	116.8
Langfristige Schulden gegenüber dem Bund und Dritten	18 901.5
Reserven (Eigenkapital)	61.1
Beteiligungen an anderen Unternehmungen	2 590.2
Rückstellungen (in Zukunft erwartete Ausgaben für Sanierungen)	684.8
Offene Lieferantenrechnungen	1 139.6
Vorräte	348.3
Offene Kundenrechnungen	754.8
Transitorische Aktiven	418.0
Aktienkapital (Eigenkapital)	9 000.0
Transitorische Passiven	1 495.1
Wert aller beweglichen Gegenstände sowie der Liegenschaften (inkl. Festnetz, Mobilnetz usw.)	26 128.5
Erfolg (Gewinn oder Verlust?)	?

Erstellen Sie aus den obigen Angaben eine Bilanz nach den allgemein anerkannten Grundsätzen für Darstellung und Beschriftung. Es sind nur die Bezeichnungen der Konten, Kontenhauptgruppen und Kontengruppen gemäss Kontenplan KMU zulässig.

Aufgaben

Aufgabe 14 (Konzernbilanz der SBB)

Nachfolgend finden Sie Positionen der Konzernbilanz aus einem Geschäftsbericht der SBB (Beträge in Mio. CHF). Erstellen Sie die Konzernbilanz der SBB vom 31.12.20__ nach den allgemein anerkannten Grundsätzen für Darstellung und Beschriftung. Gliedern Sie die Bilanz auch nach Kontenhauptgruppen gemäss Kontenrahmen KMU.

Total Umlaufvermögen	2 804.3	Transitorische Aktiven	486.9
Total Eigenkapital	9 705.7	Forderungen LL	871.3
Bilanzsumme	32 634.4	Verbindlichkeiten LL	919.4
Flüssige Mittel	?	Finanzanlagen	1 232.1
Verlustvortrag (Verlust Vorjahr)	– 1 815.3	Transitorische Passiven	1 275.9
Wertschriften	15.6	Reserven (Eigenkapital)	2 069.1
Kurzfristige Bankschulden	337.2	Gesellschaftskapital	9 082.1
Vorräte	359.9	Hypotheken & Darlehen	19 625.0
Kurzfr. Rückstellungen	367.4	**Sachanlagen**	?
Langfr. Rückstellungen	403.8	**Jahresreingewinn**	?
Immaterielle Anlagen	443.3		

Aufgabe 15 (Schnittstelle Betriebswirtschaft: die Bilanz der Swissair) ● ● ●

Lesen Sie den folgenden Text, um Hintergrundinformationen über den Werdegang der Swissair als Grundlage für die vorliegende Aufgabe zu erhalten.

Die Swissair wird 1931 mit Sitz in Zürich-Kloten als Luftfahrtunternehmung gegründet. Die Swissair profitiert in den 1960-er Jahren vom allgemein stark wachsenden Luftverkehr und baut sich einen exzellenten Ruf als Qualitätsairline auf. «Fliegende Bank» wird die Swissair aufgrund ihrer hohen Geldreserven oft genannt.

In den frühen 1980-er Jahren werden die gesetzlichen Bestimmungen im Luftverkehr nach und nach gelockert und es drängen sich etliche neue Airlines in den Luftfahrtmarkt, was den Kostendruck auf die Swissair erhöht. In der Schweiz kommt 1978 die Crossair als direkte nationale Konkurrentin zur Swissair auf den Markt. Die Swissair will sich gegen die schlechter werdenden Marktbedingungen absichern, indem sie ihre Einnahmequellen breiter abstützt und dadurch unabhängiger vom eigentlichen Fluggeschäft wird. Sie investiert zu diesem Zweck ihre Geldreserven in neue Unternehmen, die im flugverwandten Geschäft tätig sind (Beispiele: Flughafenabfertigung, Catering, Flugzeugwartung, Duty-Free-Geschäft). Weil sich die Swissair nun nicht mehr bloss auf das Kerngeschäft konzentrieren kann, leidet die Qualität der Flüge und damit der Ruf der Swissair.

Ab 1990 kommen immer mehr Fluggesellschaften auf den Markt und gleichzeitig schrumpft das Marktvolumen aufgrund der weltweit schlechten Wirtschaftslage. Die Swissair erleidet immer mehr Verluste im eigentlichen Fluggeschäft und nur die flugverwandten Betriebe halten die Unternehmung noch über Wasser. Anderen Fluggesellschaften im Markt geht es nicht besser und viele schliessen sich zu Allianzen zusammen, um ihre Kunden weltweit bedienen zu können. Die Swissair kommt als Einzelgängerin nun noch mehr unter Druck und beteiligt sich deshalb im Zeitraum zwischen 1992 bis 1999 an diversen Fluggesellschaften, die aber selber auch finanzielle Probleme haben. Kritiker dieser «Hunter-Strategie» geben zu bedenken, dass aus mehreren kranken Unternehmen keine gesunde Unternehmung entstehen könne.

Am 2. September 1998 stürzt eine MD-11 der Swissair auf ihrem Flug von New York nach Genf ab, wobei alle 229 Passagiere und Besatzungsmitglieder ums Leben kommen.

1999 kündigt die Delta-Airlines die Zusammenarbeit mit der Swissair und arbeitete neu mit der Air-France zusammen, wodurch der Swissair etliche Flüge verloren gehen.

Die «Fliegende Bank» gerät in Schieflage…

Aufgaben

Rund neun Monate vor dem Grounding (Einstellung des Flugbetriebs) präsentierte sich die Bilanz der SAir Group (Muttergesellschaft der Swissair samt ihren Nebenbetrieben) vom 31.12.2000 wie folgt:

Bilanz der SAir Group per 31.12.2000 (Mit Vorjahresvergleich, in Mio. CHF)
(für Schulzwecke vereinfacht)

Aktiven	31.12.00	31.12.99	Passiven	31.12.00	31.12.99
Umlaufvermögen			**Fremdkapital**		
Flüssige Mittel	3 548	2 597	Kurzfristiges Fremdkapital		
Forderungen LL	2 645	2 438	Verbindlichkeiten LL	4 624	2 955
Vorräte	513	456	Transitorische Passiven	2 303	1 968
Transitorische Aktiven	495	495			
			Langfristiges Fremdkapital		
			Rückstellungen	3 775	1 685
			Übriges langfr. Fremdkapital	8 161	6 853
Anlagevermögen			**Eigenkapital**		
Flugzeuge	5 517	4 671	Aktienkapital	1 069	1 089
Mobilien	752	591	Eigene Aktien	–65	–171
Immobilien	1 712	1 583	Reserven	3 233	3 202
Finanzanlagen	1 523	2 064			
Übriges Anlagevermögen	3 510	2 959	Jahreserfolg	–2 885	273
	20 215	17 854		20 215	17 854

a) Welchem Wirtschaftssektor gehörte die SAir Group an?

b) Welche Rechtsform hat die SAir Group und anhand welcher Bilanzposition lässt sich das erkennen?

c) Kreuzen Sie an, ob die nachfolgenden Konten Geschäfte mit einer oder mehreren Anspruchsgruppe/-en erfassen?

	Kapitalgeber	Kunden	Lieferanten	Mitarbeiter
Flüssige Mittel				
Forderungen LL				
Flugzeuge				
Verbindlichkeiten LL				
Aktienkapital				
Jahreserfolg				

d) Was für Vermögenswerte sind unter dem Konto «Flüssige Mittel» zusammengefasst?

e) Was für Vermögenswerte sind unter dem Konto «Rückstellungen» zusammengefasst?

f) Im Einleitungstext findet sich folgender Satz:

> [...] Die Swissair kommt als Einzelgängerin nun noch mehr unter Druck und beteiligt sich deshalb im Zeitraum zwischen 1992 bis 1999 an diversen Fluggesellschaften, welche aber selber auch finanzielle Probleme haben. Kritiker dieser «Hunter-Strategie» geben zu bedenken, dass aus mehreren kranken Unternehmen keine gesunde Unternehmung entstehen könne. [...]

Eine Unternehmung beteiligt sich an anderen Unternehmungen, in dem sie von ihr Aktien (mit Mitwirkungs- und Gewinnbeteiligungsrechten versehene Anteile am Eigenkapital) kauft. Unter welcher Bilanzposition finden Sie diese Beteiligung bei der SAir Group wohl am ehesten?

g) Ende 1999 hat die SAir Group noch 273 Millionen Gewinn ausgewiesen. Ende 2000 resultiert ein Verlust von 2 885 Millionen. Trotz des schlechten Geschäftsganges haben die flüssigen Mittel um fast 1 000 Millionen zugenommen. Was könnten Gründe dafür sein?

h) Eine Unternehmung gilt als überschuldet, wenn der Verlust grösser als das Eigenkapital ist. Können Sie anhand der Bilanz vom 31.12.2000 ein ungefähres Datum berechnen, wann dies bei der SAir Group der Fall sein könnte, sofern nichts unternommen wird und alles so weiterläuft wie bis anhin?

Tipp: Schauen Sie sich die Bilanz der SAir-Group an, überlegen Sie sich, wie viel Verlust sich über welche Zeit angehäuft hat, wie viel Verlust pro Tag generiert wurde und wie lange es wohl noch gehen wird, bis der Verlust auch noch das restliche Eigenkapital «aufgefressen» hat.

Aufgaben

Aufgabe 16 (Veränderungen in der Bilanz der Swiss Airlines) • • •

Nachfolgend finden Sie einen kurzen Rückblick zur Entstehung der Swiss Airlines sowie Geschäftsfälle, die die Bilanz der Swiss erheblich verändert haben. Für diese Aufgabe wurden einzelne Zahlen und Daten aus Gründen der Geheimhaltung leicht angepasst.

> Die Swissair muss am 2. Oktober 2001 um 15:45 den Flugbetrieb aus finanziellen Gründen einstellen. Bereits drei Tage später können die Flieger dank eines Überbrückungskredits des Bundes von CHF 1.5 Milliarden wieder abheben. Danach wird die Swissair liquidiert und Teile des Streckennetzes an die Crossair übertragen, worauf die Crossair zu «Swiss» umbenannt wird. Heute gehört die Swiss der deutschen Fluggesellschaft Lufthansa.

Auftrag:
1. Erstellen Sie nach jedem Geschäftsfall eine neue Bilanz (Beträge in Mio. CHF angeben). Aufgrund der besonderen Geschäftstätigkeit ist das Konto «Flugzeuge» zu führen.
2. Kreuzen Sie an, ob die Aktiven bzw. Passiven zunehmen (↑), abnehmen (↓) oder gleichbleiben (0).
3. Halten Sie fest, welcher der folgenden Fachbegriffe auf den Geschäftsfall zutrifft:

   – Aktivtausch
   – Passivtausch
   – Kapitalbeschaffung
   – Kapitalrückzahlung

a) Das Aktienkapital der Swiss von CHF 500 000 000.00 wird am 10.10.2001 auf das Bankkonto überwiesen.

Bilanz der Swiss vom 10.10.2001

Aktiven | Passiven

	↑	↓	0	Geschäftsfall ist ein(e) …	
Aktiven				☐ Aktivtausch	☐ Kapitalbeschaffung
Passiven				☐ Passivtausch	☐ Kapitalrückzahlung

b) Vom Bankkonto werden am 12.10.2001 CHF 1 000 000.00 in die Kasse gelegt.

Bilanz der Swiss vom 12.10.2001

Aktiven | Passiven

	↑	↓	0	Geschäftsfall ist ein(e) …	
Aktiven				☐ Aktivtausch	☐ Kapitalbeschaffung
Passiven				☐ Passivtausch	☐ Kapitalrückzahlung

c) Die Swiss kauft am 11.11.2001 fünf neue Airbus A-330 im Betrag von total CHF 960 000 000.00 gegen Rechnung.

Bilanz der Swiss vom 11.11.2001

Aktiven | Passiven

	↑	↓	0	Geschäftsfall ist ein(e) …	
Aktiven				☐ Aktivtausch	☐ Kapitalbeschaffung
Passiven				☐ Passivtausch	☐ Kapitalrückzahlung

d) Vom Bankkonto werden einen Tag nach dem Kauf der Flugzeuge CHF 360 000 000.00 an Airbus überwiesen. Sie dienen der Bezahlung eines Teils der Rechnung.

Bilanz der Swiss vom 12.11.2001

Aktiven | Passiven

	↑	↓	0	Geschäftsfall ist ein(e) …	
Aktiven				☐ Aktivtausch	☐ Kapitalbeschaffung
Passiven				☐ Passivtausch	☐ Kapitalrückzahlung

Aufgaben

e) Ein weiterer Teil der Rechnung von Airbus wird am 30.11.2001 mit einem langfristigen Bankkredit von CHF 480 000 000.00 bezahlt. Die Bank überweist den Betrag direkt an Airbus.

Bilanz der Swiss vom 30.11.2001

Aktiven | Passiven

	↑	↓	0	Geschäftsfall ist ein(e) ...	
Aktiven				☐ Aktivtausch	☐ Kapitalbeschaffung
Passiven				☐ Passivtausch	☐ Kapitalrückzahlung

f) Die Restschuld bei Airbus wird am 01.12.2001 in ein Darlehen umgewandelt und über die nächsten Jahre abbezahlt.

Bilanz der Swiss vom 01.12.2001

Aktiven | Passiven

	↑	↓	0	Geschäftsfall ist ein(e) ...	
Aktiven				☐ Aktivtausch	☐ Kapitalbeschaffung
Passiven				☐ Passivtausch	☐ Kapitalrückzahlung

Aufgabe 17 (Schnittstelle Englisch: balance sheet TUI AG)

TUI is one of the world's leading tourism groups and is formed by three sectors:

- Travel (tour operating, online sales, high street outlets, airlines and incoming agencies)
- Hotels & Resorts
- Cruise ship business

TUI AG held a financial investment in the container shipping industry. The group owned 43,3 percent stake in Hapag-Lloyd AG. In the financial year 2009/10 TUI AG returned a revenue of EUR 16.35 billion. On 30 September 2010 the headcount totalled 71 000 employees.

Please find below the **3rd quarter 2010 (per 30 June 2010)** balance positions of TUI AG in millions Euro:

assets	
cash and cash equivalents	2 292.40
accounts receivables	2 795.50
inventories	95.00
fixed assets	2 504.60
financial assets	606.90
intangible assets	3 985.30
other non-current assets	3 091.90

equity and liabilities	
accounts payable	2 270.30
current financial liabilities	1 725.20
other current liabilities	4 224.30
provisions (non current)	1 916.00
non current financial liabilities	2 854.00
other non current liabilities	191.00
subscribed capital	1 026.10
reserves	913.50
revenue reserves	– 43.60
other equity positions	294.80

Aufgaben

a) Please refer the following balance positions to positions or groups in the german SME chart of accounts (SME = small and medium-sized enterprises).

english	german position or group in SME chart of accounts
assets	
cash & cash equivalents	
accounts receivables	
inventories	
fixed assets	
financial assets	
intangible assets	
equity and liabilities	
current liabilities	
accounts payable	
provisions (non current)	
non-current liabilities	
equity	
subscribed capital	
reserves	
revenue reserves	

b) Please complete the balance sheet of TUI AG for the 3rd quarter 2010 (per 30 June 2010) according to the balance positions in the introduction and grouped by current assets, non current assets, liabilites and equity.

c) Which balance position contains the 43.3 percent stake in Hapag-Lloyd AG mentioned in the introduction?

d) Which two balance sheet positions of TUI Travel PLC are affected by the correction mentioned in the press release below?

> TUI Travel PLC was an affiliated company of TUI AG and had announced on 21 October 2010 that accounts receivables related to the tour operator business needed to be written off. According to TUI Travel PLC, the restatement was caused by failures to reconcile balances in the IT systems. The write offs total 120 million and had affected TUI's consolidated financial statements. Against this background, TUI Travel PLC CFO Paul Bowtell had decided that it was appropriate to offer his resignation. The write offs to have been effected for TUI Travel PLC did not have a negative impact on the TUI Group's cash position.

Kontieren & Buchen

Kapitel 2

2.1 Zweck von Konten
2.2 Regeln für die Kontenführung
2.3 Doppelte Buchhaltung
2.4 Kontieren & Buchen

2 Kontieren & Buchen

Leitfragen
Finden Sie beim Durcharbeiten der Theorie Antworten auf diese Fragen:

1. Was ist unter einem Konto im Rechnungswesen zu verstehen?
2. Wie werden Konten grafisch dargestellt?
3. Was bedeuten die Begriffe «Soll» und «Haben»?
4. Wie lauten die Regeln für die Buchung von Zu- und Abnahmen in Aktivkonten?
5. Wie lauten die Regeln für die Buchung von Zu- und Abnahmen in Passivkonten?
6. Auf welcher Seite eines Kontos kommt der Anfangsbestand zu liegen?
7. Auf welcher Seite eines Kontos kommt der Schlussbestand zu liegen?
8. Was bedeutet doppelte Buchhaltung?
9. Was ist unter einer Prüfkette im Rechnungswesen zu verstehen?
10. Wozu dient der Buchungssatz?
11. Welche Informationen enthält ein Buchungssatz?
12. Wie wird der folgende Buchungssatz ausgesprochen: Mobilien / Kreditoren

Notizen

2.1 Zweck von Konten

Jede Position in der Bilanz ist das Ergebnis einer Liste mit Zu- und Abnahmen. Diese Listen werden in der Fachsprache als **Konten** (lat. computus, «Berechnung»; ital. conto, «Rechnung») bezeichnet, weil sie laufende Rechnungen mit Zu- und Abnahmen verkörpern.

Konten werden fortlaufend für alle Aktiven und Passiven geführt, so dass am Ende der Rechnungsperiode die Schlussbestände der verschiedenen Konten als Positionen im Jahresabschluss aufgeführt werden können. Eine Auswahl von möglichen Konten finden Sie im KMU-Kontenrahmen im Kapitel 1.

Beispiel – Kontoauszug Fahrzeuge

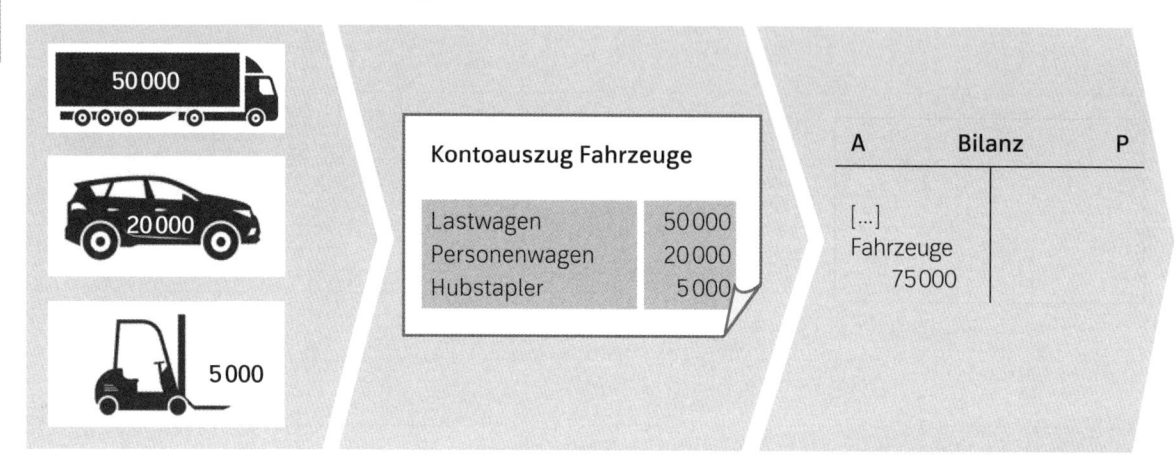

Kontoauszug Fahrzeuge	
Lastwagen	50 000
Personenwagen	20 000
Hubstapler	5 000

A	Bilanz	P
[...]		
Fahrzeuge		
75 000		

Notizen

Regeln für die Kontenführung

2.2 Regeln für die Kontenführung

Die Kontenführung erfolgt heute weitgehend elektronisch in einem Buchhaltungsprogramm. Damit Sie verstehen, wie Computerprogramme im Rechnungswesen arbeiten, lernen Sie, Konten von Hand zu führen.

Konten darstellen
Zu- und Abnahmen werden in einem Konto nicht gemischt untereinander, sondern separat in zwei Spalten erfasst. Zur grafischen Trennung der linken und rechten Spalte wird ein T-Kreuz gezeichnet.

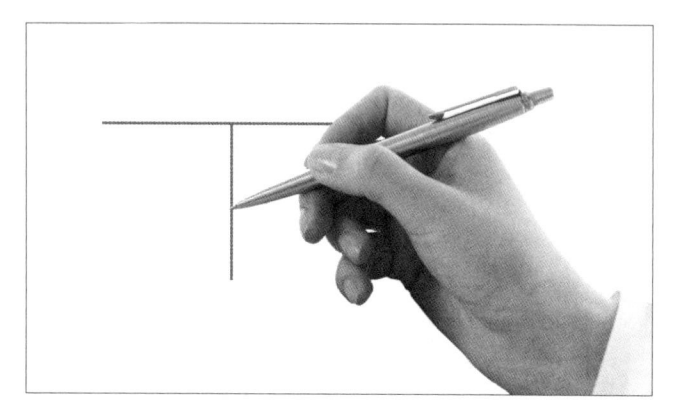

Konten beschriften
Die linke Spalte heisst **Soll,** die rechte Spalte heisst **Haben.** Die Begriffe Soll und Haben bedeuten sonst nichts. In der Mitte ist die Bezeichnung des Kontos aufzuführen.

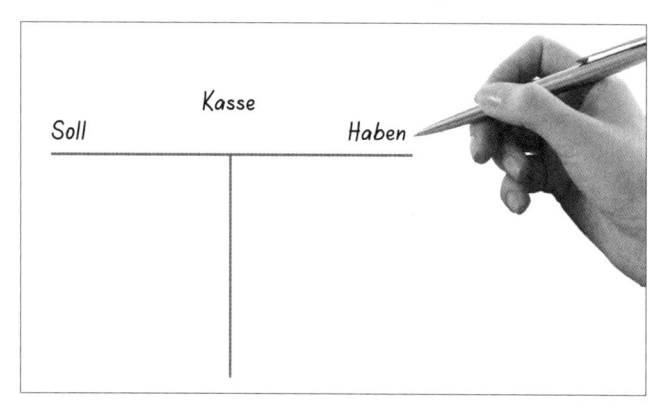

Aktivkonten führen
In Aktivkonten werden Zunahmen im Soll, Abnahmen im Haben erfasst.

> **Beispiel**
> CHF 100.00 werden in die Kasse gelegt. CHF 20.00 werden für einen Einkauf aus der Kasse genommen.

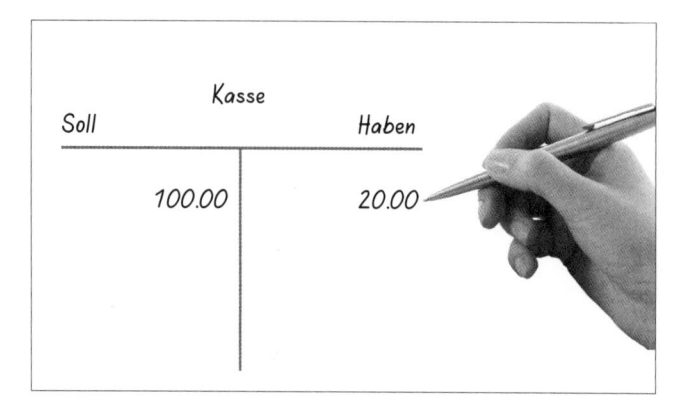

Passivkonten führen

In Passivkonten werden Zunahmen im Haben, Abnahmen im Soll erfasst. Passivkonten werden also genau spiegelverkehrt zu Aktivkonten geführt.

Beispiel
Wir erhalten eine Lieferantenrechnung für CHF 200.00. CHF 50.00 bezahlen wir sofort, den Rest bleiben wir schuldig.

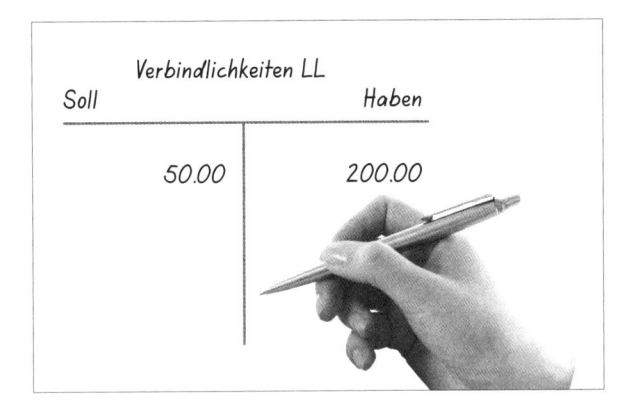

Verbindlichkeiten LL	
Soll	Haben
50.00	200.00

Konten abschliessen

Zum Abschluss der Rechnungsperiode (Bsp.: Jahresabschluss) werden die Konten wie folgt saldiert:

    Total Zunahmen
− Total Abnahmen
= Schlussbestand des Kontos (SB)

Der Schlussbestand (SB) ist auf der kleineren Seite des Kontos einzutragen. Wenn der Schlussbestand richtig berechnet ist, sind die Summen von Soll und Haben nach dem Eintrag des Schlussbestands gleich gross. Gerade bei umfangreichen Konten macht es daher Sinn, nach dem Eintrag des Schlussbestands diese Kontrollsummen auszuweisen.

Beispiel Aktivkonto
Kommt der Schlussbestand im Haben zu liegen, handelt es sich um ein Aktivkonto.

Kasse	
Soll	Haben
100.00	20.00
	SB 80.00
100.00	100.00

Beispiel Passivkonto
Kommt der Schlussbestand im Soll zu liegen, handelt es sich um ein Passivkonto.

Verbindlichkeiten LL	
Soll	Haben
50.00	200.00
SB 150.00	
200.00	200.00

Berechnung: 100.00 − 20.00 = 80.00

Regeln für die Kontenführung

Zusammenfassung

Bilanzkonten werden zu Beginn der Rechnungsperiode eröffnet, indem der Anfangsbestand aus der Eröffnungsbilanz (≈ Schlussbilanz Vorperiode) im Konto auf der Seite für Zunahmen erfasst wird.

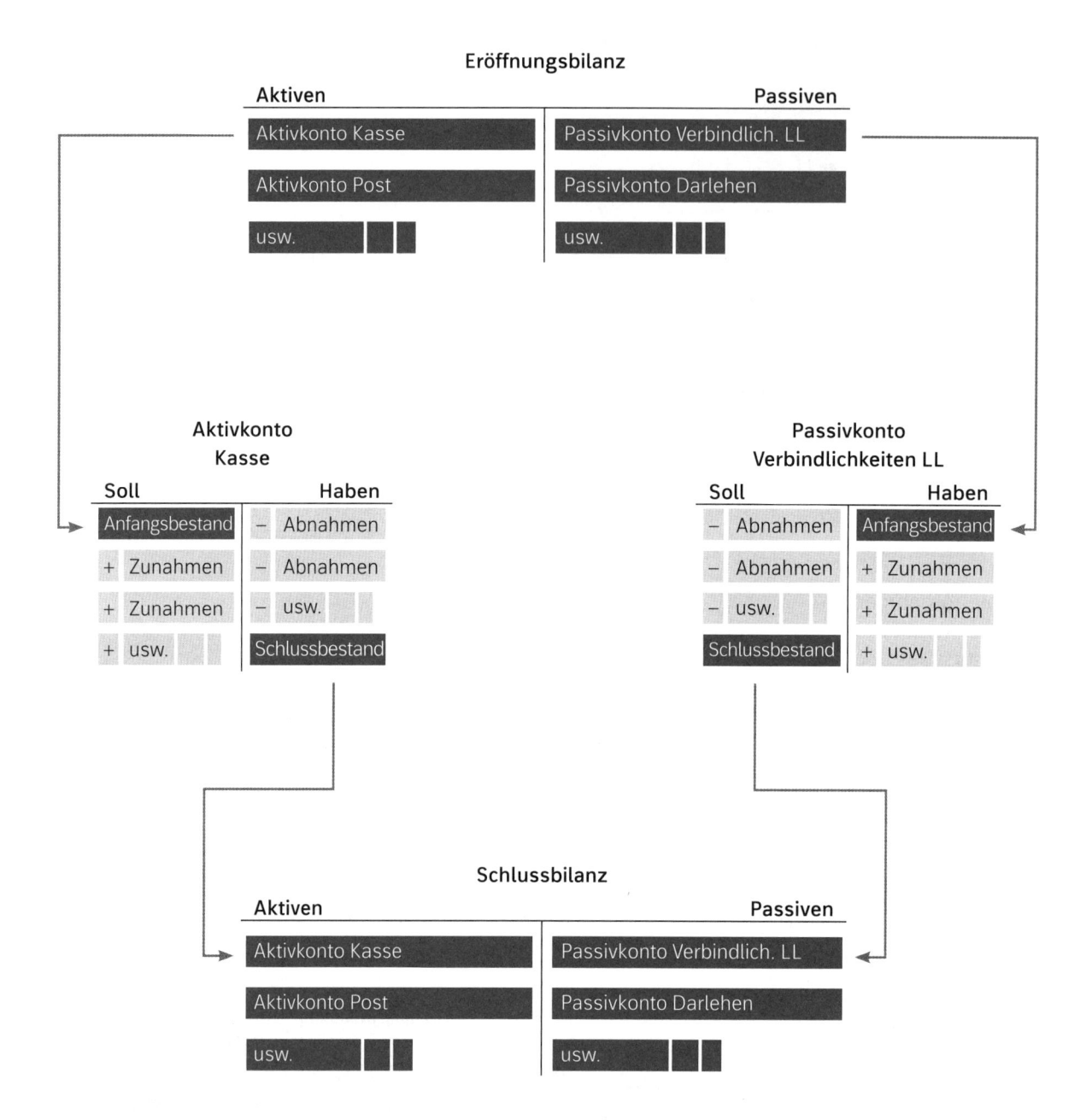

Eröffnungsbilanz

Aktiven	Passiven
Aktivkonto Kasse	Passivkonto Verbindlich. LL
Aktivkonto Post	Passivkonto Darlehen
usw.	usw.

Aktivkonto Kasse

Soll	Haben
Anfangsbestand	− Abnahmen
+ Zunahmen	− Abnahmen
+ Zunahmen	− usw.
+ usw.	Schlussbestand

Passivkonto Verbindlichkeiten LL

Soll	Haben
− Abnahmen	Anfangsbestand
− Abnahmen	+ Zunahmen
− usw.	+ Zunahmen
Schlussbestand	+ usw.

Schlussbilanz

Aktiven	Passiven
Aktivkonto Kasse	Passivkonto Verbindlich. LL
Aktivkonto Post	Passivkonto Darlehen
usw.	usw.

Kontieren & Buchen | 2

Beispiel – Kontenführung der Tauchschule Chris Diermaier im April 20__

Eröffnung:

Eröffnungsbilanz 01.04.20__

Aktiven			Passiven		
Umlaufvermögen			**Fremdkapital**		
Kasse	2 000		Verbindl. LL	1 000	
Post	200		Darlehen	10 000	
Bank	6 000		Hypotheken	50 000	**61 000**
Forderungen LL	2 000				
Vorräte	800	**11 000**			
Anlagevermögen			**Eigenkapital**		
Mobilien	22 000		Eigenkapital	72 000	**72 000**
Immobilien	100 000	**122 000**			
		133 000			133 000

Geschäftsfälle in den Konten erfassen:

01.04. Eröffnung

05.04. Kauf von Büromöbeln auf Rechnung für CHF 2 000

26.04. Bezahlung der Rechnung vom 05.04

30.04. Abschluss

Bank		Mobilien		Verbindlichkeiten LL	
Soll	Haben	Soll	Haben	Soll	Haben
AB 6 000		AB 22 000			AB 1 000
		2 000			2 000
	2 000			2 000	
	SB 4 000		SB 24 000	SB 1 000	
6 000	6 000	24 000	24 000	3 000	3 000

Abschluss:

Schlussbilanz 30.04.20__

Aktiven			Passiven		
Umlaufvermögen			**Fremdkapital**		
Kasse	2 000		Verbindl. LL	1 000	
Post	200		Darlehen	10 000	
Bank	4 000		Hypotheken	50 000	**61 000**
Forder. LL	2 000				
Vorräte	800	**9 000**			
Anlagevermögen			**Eigenkapital**		
Mobilien	24 000		Eigenkapital	72 000	**72 000**
Immobilien	100 000	**124 000**			
		133 000			133 000

2.3 Doppelte Buchhaltung

Entdecken Sie das System der doppelten Buchhaltung selbst?
Unter dem Begriff Buchen ist die Erfassung von Geschäftsfällen im Rechnungswesen zu verstehen. Die folgenden Geschäftsfälle der Tauchschule Chris Diermaier im Mai wurden bereits gebucht.

Beträge in TCHF (Tausend Franken)	Bank		Forderungen LL		Mobilien		Verbindl. LL	
	Soll	Haben	Soll	Haben	Soll	Haben	Soll	Haben
01.05. Eröffnung TCHF	AB 4		AB 2		AB 24			AB 1
02.05. Bankzahlung Kreditorenrechnung von 1		1					1	
04.05. Kauf Tauchflaschen auf Rechnung 4					4			4
06.05. Bankzahlung der Kreditorenrechnung 4		4					4	
09.05. Debitor Zahno bezahlt 2 auf die Bank	2			2				
11.05. Verkauf von PCs für 3 gegen Bankzahlung	3					3		
usw.	...	...	...	...	...	...	...	...

Merken Sie sich:
Die Erfassung eines Geschäftsfalls erfolgt immer doppelt, mit einer Soll- und einer Habenbuchung (**Doppelte Buchhaltung**). In keinem Fall erfolgt eine einzelne Buchung zweimal im Soll oder zweimal im Haben.

2.4 Kontieren & Buchen

Prüfkette

Das Rechnungswesen muss von jeder Bilanzposition eine Spur über die Konten bis zum einzelnen Beleg nachweisen können. Es gilt die Regel: **Keine Buchung ohne Beleg.** Als Belege dienen Rechnungen, Quittungen, Verträge, Bankauszüge usw., die grundsätzlich in Papierform vorliegen müssen.

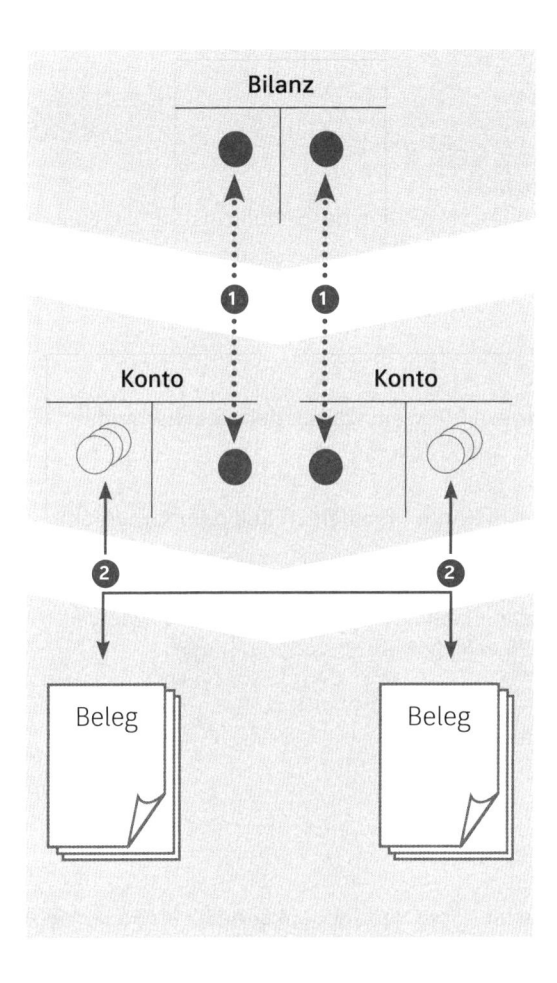

❶ Der Abgleich von Bilanz und Konten erfolgt durch die Übereinstimmung der Bilanzpositionen mit den Schlussbeständen der Konten.

❷ Damit der Beleg einer passenden Buchung zugeordnet werden kann, muss er Informationen darüber enthalten, wie er in den Konten erfasst wurde (**Kontierung**).

Kontieren & Buchen

Kontierung mit Buchungssatz

Zur Gewährleistung der Prüfkette wird auf dem Beleg der Buchungssatz notiert. Ein Buchungssatz umfasst die Nennung der Konten, auf welchen der Betrag verbucht wird, nach einer bestimmten Reihenfolge.

1. Sollbuchung		2. Habenbuchung	3. Betrag
Bezeichnung des Kontos, in welchem der Betrag im Soll gebucht wird.	/ *	Bezeichnung des Kontos, in welchem der Betrag im Haben gebucht wird	Betrag für Soll- und Habenbuchung

* Mündlich wird an Stelle des Schrägstrichs «an» ausgesprochen.

Beispiel – Buchungssatz in der Tauchschule Chris Diermaier

Die Tauchschule Chris Diermaier kauft ein Aquarium für die Innendekoration der Schulungsräumlichkeiten für CHF 1 850.00 auf Rechnung.

Mobilien / Verbindlichkeiten LL   1 850

Was überlegt sich der Buchhalter?

1. **Welche Konten verändern sich durch den Geschäftsfall?**
   Antwort: Mobilien und Kreditoren

2. **Wird der Betrag im Konto Mobilien im Soll oder im Haben verbucht?**
   Antwort: Im Soll, weil die Mobilien durch den Geschäftsfall zunehmen und Zunahmen im Konto Mobilien im Soll gebucht werden (Regeln für die Führung eines Aktivkontos).

S	Mobilien	H
1 850		

3. **Wird der Betrag im Konto Verbindlichkeiten LL im Soll oder im Haben verbucht?**
   Antwort: Im Haben, weil die Verbindlichkeiten durch den Geschäftsfall zunehmen und Zunahmen im Konto Verbindlichkeiten im Haben gebucht werden (Regeln für die Führung eines Passivkontos).

S	Verbindl. LL	H
		1 850

Buchungssatz

Mobilien / Verbindlichkeiten LL   1 850
(Ausgesprochen: «Mobilien an Verbindlichkeiten Lieferungen und Leistungen 1 850»)

Beispiel – Buchungen der Tauchschule Chris Diermaier

Nachfolgend finden Sie die Buchungssätze zu den Geschäftsfällen der Tauchschule Chris Diermaier im Mai nach der zeitlichen Reihenfolge (**Journal**) sowie die dadurch ausgelösten Konteneinträge.

Buchungssätze

		Buchungsjournal		
Datum	Geschäftsfall	Soll	Haben	Betrag
01.05.	Automatische Eröffnungsbuchungen			
02.05.	Bankzahlung Kreditorenrechnung von 1	Verbindl. LL	Bank	1
04.05.	Kauf Tauchflaschen auf Rechnung, 4	Mobilien	Verbindl. LL	4
06.05.	Bankzahlung der Kreditorenrechnung vom 04.05.	Verbindl. LL	Bank	4
09.05.	Debitor Zahno bezahlt 2 auf die Bank	Bank	Forderungen LL	2
11.05.	Verkauf von PCs für 3 gegen Bankzahlung	Bank	Mobilien	3
usw.				

Konteneinträge

Beträge in TCHF (Tausend Franken)	Bank		Forderungen LL		Mobilien		Verbindl. LL	
	Soll	Haben	Soll	Haben	Soll	Haben	Soll	Haben
01.05. Eröffnung TCHF	AB 4		AB 2		AB 24			AB 1
02.05. Bankzahlung Kreditorenrechnung von 1		1					1	
04.05. Kauf Tauchflaschen auf Rechnung, 4					4			4
06.05. Bankzahlung der Kreditorenrechnung 04.05.		4					4	
09.05. Debitor Zahno bezahlt 2 auf die Bank	2			2				
11.05. Verkauf von PCs für 3 gegen Bankzahlung	3					3		
usw.	...	...	...	...	...	...	...	...

Fehlbuchungen und Storno

In der Praxis kann es vorkommen, dass Belege mit einer falschen Buchung im Buchhaltungsprogramm erfasst worden sind. Es gibt zwei Möglichkeiten zur Korrektur (Stornierung) von Fehlbuchungen.

1. Falscher Buchungssatz noch einmal eingeben, aber Soll- und Habenbuchung vertauschen:

Geschäftsfall	Buchungsjournal		
	Soll	Haben	Betrag
Fehlbuchung	Mobilien	Bank	3
Storno	Bank	Mobilien	3

2. Buchungssatz noch einmal eingeben, aber dem Betrag ein Minus voranstellen:

Geschäftsfall	Buchungsjournal		
	Soll	Haben	Betrag
Fehlbuchung	Mobilien	Bank	3
Storno	Mobilien	Bank	− 3

Nach dem Storno ist die Fehlbuchung wieder ausgeglichen und der Beleg kann nun korrekt verbucht werden.

Beispiel – Kontierung mit Kontierungsstempel

In der Praxis werden Belege häufig mit einem Kontierungsstempel versehen, der einen Raster für die Angabe von Informationen zum Geschäftsfall und dessen Verbuchung bietet.

- Interne Belegnummer (einmalige interne Nummer zur Identifikation eines Belegs)
- Visum der verantwortlichen Person(-en)
- Kostenstelle (KST) oder Kostenträger (KTR) für die interne Zuteilung von Kosten
- Buchungssatz (Sollbuchung / Habenbuchung und Betrag)

Total Rechnung   **CHF 1 850.00**

Beleg	11-0054		
1. Visum	UM	2. Visum	LM
KST / KTR	120 850		
Soll	Haben	Betrag	
Mobilien	Verbindl. LL	1 850.00	

Zahlbar innert 30 Tagen

Empfangsschein

Konto / Zahlbar an
CH31 8123 9000 0012 4568 9
Dive Supply AG
Stationsstrasse 57
8606 Nänikon

Zahlbar durch
Carolina Meier
Dorfstrasse 10
8840 Einsiedeln

Währung   Betrag
CHF   1 850.00

Zahlteil

Konto / Zahlbar an
CH31 8123 9000 0012 4568 9
Dive Supply AG
Stationsstrasse 57
8606 Nänikon

Zahlbar durch
Carolina Meier
Dorfstrasse 10
8840 Einsiedeln

Währung   Betrag
CHF   1 850.00

Beispiel – Buchen im Buchhaltungsprogramm

Der Beleg wird anhand der Angaben im Kontierungsstempel im Buchhaltungsprogramm erfasst. Die Konten sind in der Regel als Nummern gemäss Kontenplan einzugeben. Je nach Funktionsumfang der Software können weitere Optionen die Erfassung erleichtern (Bankverbindung aus Stammdaten, Zahlungserinnerung, Mehrwertsteuerbuchung etc).

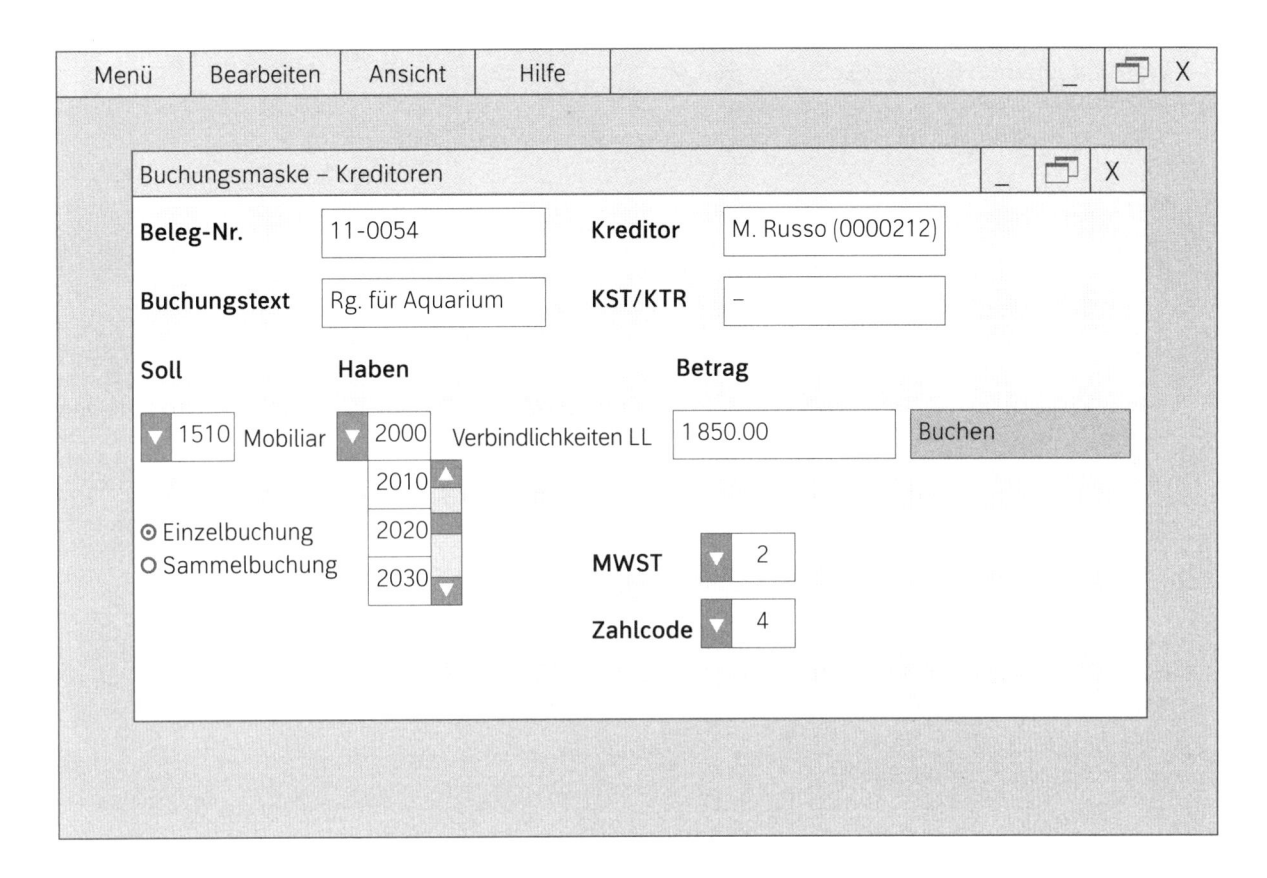

| Menü | Bearbeiten | Ansicht | Hilfe | | _ | ⌷ | X |

Buchungsmaske – Kreditoren

- **Beleg-Nr.** 11-0054
- **Kreditor** M. Russo (0000212)
- **Buchungstext** Rg. für Aquarium
- **KST/KTR** –

Soll 1510 Mobiliar
Haben 2000 Verbindlichkeiten LL / 2010 / 2020 / 2030
Betrag 1 850.00

[Buchen]

⊙ Einzelbuchung
○ Sammelbuchung

MWST 2
Zahlcode 4

Auf dem Beleg ist durch Abstempeln oder per Handschrift der Hinweis «GEBUCHT» zu vermerken, bevor er nach der Verbuchung zur Archivierung in die interne Ablage eingeordnet wird.

Kontrollfragen

1. Was ist unter einem Konto im Rechnungswesen zu verstehen?
2. Wie werden Konten grafisch dargestellt?
3. Was bedeuten die Begriffe «Soll» und «Haben»?
4. Wie lauten die Regeln für die Buchung von Zu- und Abnahmen in Aktivkonten?
5. Wie lauten die Regeln für die Buchung von Zu- und Abnahmen in Passivkonten?
6. Auf welcher Seite eines Aktivkontos ist der Anfangsbestand einzutragen?
7. Auf welcher Seite eines Passivkontos ist der Anfangsbestand einzutragen?
8. Handelt es sich um ein Aktiv- oder um ein Passivkonto, wenn der Schlussbestand im Haben zu liegen kommt?
9. Auf welcher Seite kommt der Schlussbestand eines Passivkontos zu liegen?
10. Welche Kontrolle nehmen Sie nach Eintrag des Schlussbestandes bei einem Konto vor?
11. Was bedeutet doppelte Buchhaltung?
12. Was ist unter einer Prüfkette im Rechnungswesen zu verstehen?
13. Wozu dient der Buchungssatz?
14. Welche Informationen enthält ein Buchungssatz?
15. Wie wird der folgende Buchungssatz ausgesprochen: Mobilien / Verbindlichkeiten LL

Notizen

Lösungen zu den Kontrollfragen

1. Unter einem Konto wird im Rechnungswesen die laufende Rechnung mit Zu- und Abnahmen eines Vermögens- oder Schuldenwerts verstanden.

2. Zu- und Abnahmen werden separat in zwei Spalten erfasst. Zur grafischen Trennung der Spalten wird ein T-Kreuz gezeichnet (sog. Kontenkreuz).

3. Soll bezeichnet die linke Seite des Kontos. Haben bezeichnet die rechte Seite des Kontos.

4. In einem Aktivkonto werden Zunahmen im Soll, Abnahmen im Haben erfasst.

5. In einem Passivkonto werden Zunahmen im Haben, Abnahmen im Soll erfasst.

6. In einem Aktivkonto ist der Anfangsbestand im Soll einzutragen.

7. In einem Passivkonto ist der Anfangsbestand im Haben einzutragen.

8. Wenn der Schlussbestand eines Kontos im Haben zu liegen kommt, handelt es sich um ein Aktivkonto. Kommt der Schlussbestand im Soll zu liegen, handelt es sich um ein Passivkonto.

9. Der Schlussbestand eines Passivkontos kommt im Soll zu liegen.

10. Nach dem Eintrag des Schlussbestandes werden die Summen der Soll- und Habenseite gebildet, um zu prüfen, ob das Konto korrekt abgeschlossen wurde. Der Schlussbestand wurde korrekt eingetragen, wenn die Soll- und Habenseite gleich gross sind.

11. Die Erfassung eines Geschäftsfalls im Rechnungswesen erfolgt immer doppelt, mit einer Soll- und einer Habenbuchung. In keinem Fall wird ein Geschäftsfall zweimal im Soll oder zweimal im Haben erfasst.

12. Das Rechnungswesen muss von jeder Position im Jahresabschluss eine Spur über die Konten bis zum einzelnen Beleg nachweisen können. Diese Spur wird als Prüfkette bezeichnet.

13. Zur Gewährleistung der Prüfkette wird auf einem Buchungsbeleg nach einer bestimmten Reihenfolge vermerkt, auf welchen Konten Beträge im Soll bzw. im Haben gebucht wurden.

14. Der Buchungssatz enthält das Konto für die Sollbuchung, das Konto für die Habenbuchung sowie den Betrag (für Soll- und Habenbuchung gleich).

15. Aussprache: «Mobilien an Verbindlichkeiten LL»

Notizen

Aufgaben

Aufgabe 1 (Buchungsregeln)

a) Zeigen Sie die Buchungsregeln für Aktiv- und Passivkonten schematisch auf, indem Sie die Begriffe Anfangsbestand, Schlussbestand, Zunahmen, Abnahmen verwenden.

Soll	Aktivkonto	Haben

Soll	Passivkonto	Haben

b) Wie unterscheiden sich die Buchungsregeln eines Passivkontos von den Buchungsregeln eines Aktivkontos?

Aufgabe 2 (Verständnisfragen zur Kontenführung)

Kreuzen Sie die richtigen (R) Aussagen an.

Aussagen	R
Der Schlussbestand kommt bei Aktiv- und Passivkonten immer auf der kleineren Seite zu liegen.	
Der Anfangsbestand eines Bilanzkontos stammt aus der Eröffnungsbilanz.	
Konten werden in der Praxis meistens von Hand geführt.	
Die linke Seite wird bei Aktiv- und Passivkonten mit dem Begriff Soll bezeichnet.	
Nach dem Eintrag des Schlussbestandes sind beide Seiten des Kontos gleich gross.	
Ein Passivkonto weist einen Sollüberschuss auf.	
Ein Aktivkonto weist einen Sollüberschuss auf.	
Ein Habenüberschuss führt dazu, dass der Schlussbestand ins Soll zu liegen kommt.	

Aufgabe 3 (Führung des Kontos Kasse)

Sie arbeiten im Rechnungswesen der Russo Bau GmbH und wurden mit der Verwaltung der Kasse beauftragt. Die Mitarbeiter dürfen selbstständig Geld aus der Kasse nehmen, müssen jedoch von Hand Einlagen und Bezüge in einer Liste protokollieren sowie Quittungen hinterlegen. Im Oktober wurden folgende Bezüge auf der Liste notiert.

Kasse – Bitte Einlagen und Bezüge eintragen:

Geld in Kasse am 01.10.: 833.20

Datum	Kurztext	Einlage in Kasse	Bezug aus Kasse	Visum
02.10.	Geld für Kauf von Kaffeerahm aus der Kasse genommen		20.00	rk
03. Okt.	Briefmarken gekauft		40.00	mm
04.10.	Rückgeld von Kaffeerahm-Einkauf	4.80		rk
20.10.	Einkauf von Büromaterial		200.00	lm
21.10.	Rückgeld von Büromaterialeinkauf	67.35		lm

Ende Oktober kontrollieren Sie, ob das Bargeld in der Kasse mit den Angaben auf der Liste übereinstimmt.

a) Zeichnen Sie das Konto Kasse samt korrekter Beschriftung auf. Buchen Sie danach den Anfangsbestand (AB), die Einlagen, die Bezüge sowie den Schlussbestand (SB) im Oktober. Vergessen Sie die Kontrollsummen bitte nicht.

b) Welcher Betrag erscheint unter der Position Kasse in der Schlussbilanz vom 31. Oktober? Zutreffenden Betrag bitte ankreuzen.

- 833.20
- 645.35
- 905.35

Aufgaben

Aufgabe 4 (Führung Debitorenkonto)   ●○○

Führen Sie das Debitorenkonto (Forderungen aus Lieferungen und Leistungen) der Fahrschule Emil Wettstein im April.

Datum	Text
01.04.	Anfangsbestand (CHF 3 000)
03.04.	Rechnung an Fahrschüler B. Manz (CHF 880)
08.04.	Bankzahlung von Fahrschülerin Samantha Steinmann (CHF 1 260)
10.04.	Gutschrift an Fahrschüler B. Manz wegen Rechnungsfehler (CHF 180)
16.04.	Bankzahlung von B. Manz für den Restbetrag
23.04.	Rechnung an Fahrschülerin Kathjusha Dilivorno (CHF 1 720)
30.04.	Bankzahlung von Fahrschüler R. Meier (CHF 1 200)
30.04.	Schlussbestand

Konto

Aufgabe 5 (Führung Kreditorenkonto)

Führen Sie das Kreditorenkonto (Verbindlichkeiten aus Lieferungen und Leistungen) des Landwirtschaftsbetriebs Familie Hurscheler im Januar.

Datum	Text
01.01.	Anfangsbestand (CHF 460)
03.01.	Rechnung der Walti Pneu GmbH (CHF 2 000)
05.01.	Bankzahlung an die Dünger Frei AG (CHF 460)
12.01.	Die Walti Pneu GmbH gewährt 2 % Skonto* (vgl. 03.01.)
12.01.	Bankzahlung des Restbetrags an Walti Pneu GmbH
26.01.	Rechnung der Harvest AG für geliefertes Saatgut (CHF 800)
29.01.	Nachträglicher Rabatt der Harvest AG wegen Mängeln (25 %)
31.01.	Schlussbestand

* Rabatt für vorzeitige Bezahlung

Konto

Aufgaben

Aufgabe 6 (Führung Bankkonto)

a) Führen Sie das Bankkonto der Einzelunternehmung Schlosserei R. Knell bei der UBS Zürich im Monat Mai.

Datum	Text	Bank Soll		Haben
01.05.	Anfangsbestand	AB	32 000	
03.05.	Bezahlung der Rechnung von Swisscom (CHF 180)			
08.05.	Zahlung an Kreditor Walter Morf (CHF 1 700)			
11.05.	Bancomat-Barbezug durch R. Knell (CHF 500)			
12.05.	Zahlung von Debitor P. Somchai (CHF 2 650)			
15.05.	Darlehensrückzahlung an R. Meisterhans (CHF 40 000)			
21.05.	Verkauf von UBS Namenaktien (CHF 14 000)			
21.05.	Belastung der Spesen für Wertpapierverkauf (CHF 80)			
25.05.	R. Knell bezahlt sich seinen Unternehmerlohn aus (CHF 6 000)			
25.05.	Belastung der Werkstattmiete für den Monat Juni (CHF 2 500)			
31.05.	Schlussbestand			

b) Stellt das Bankkonto nach der Darlehensrückzahlung am 15.05. ein Aktiv- oder ein Passivkonto dar? Begründen Sie Ihre Antwort kurz.

c) Ist das Bankkonto am 31.05. **im Rechnungswesen der UBS Zürich** ein Aktiv- oder ein Passivkonto? Begründen Sie Ihre Antwort kurz.

Aufgabe 7 (Begriffe)

Lösen Sie das nachstehende Kreuzworträtsel.

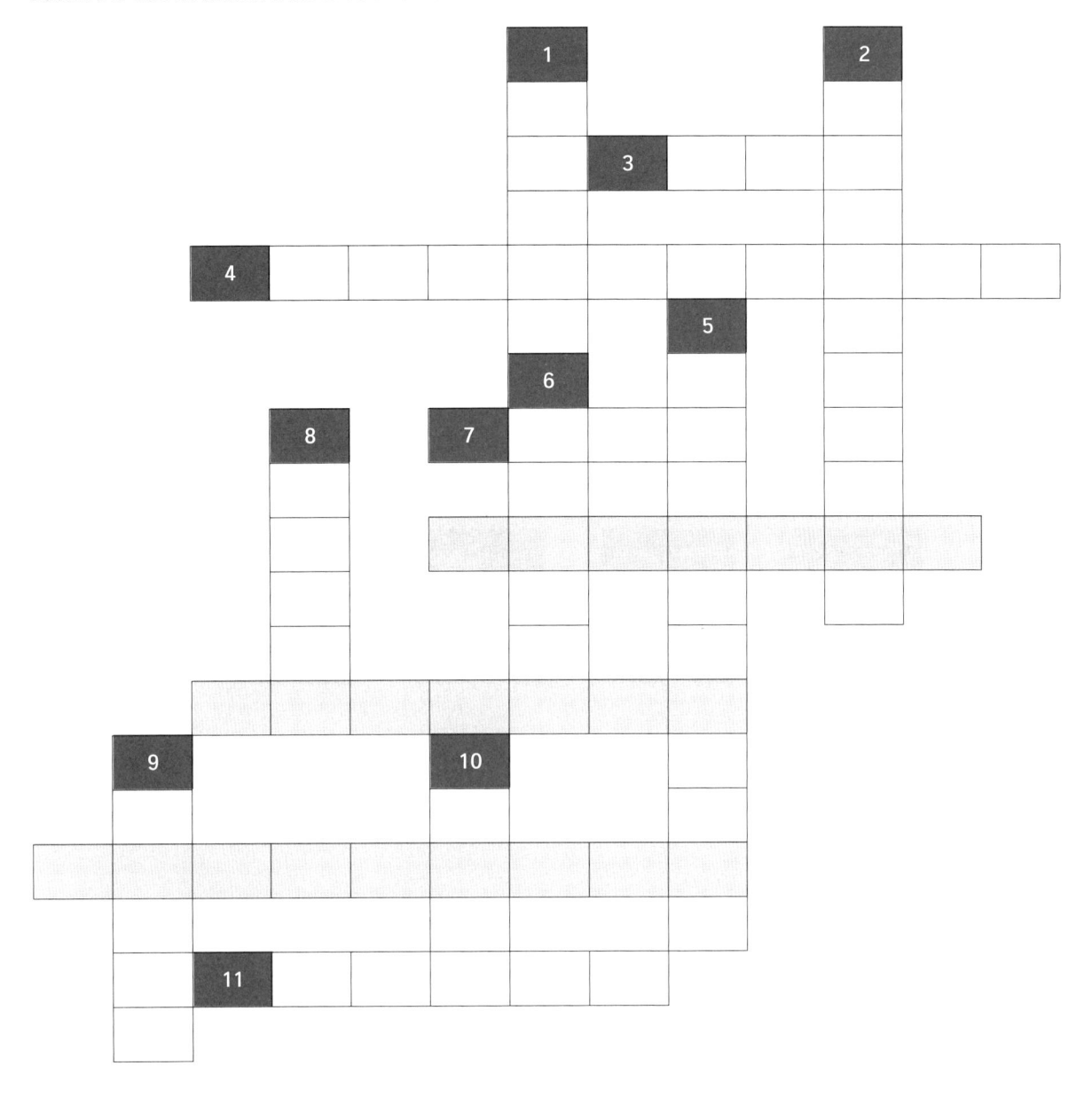

1. Rechte Seite eines Kontos (↓)
2. Schriftliche Vorbereitung zur Verbuchung direkt auf dem Beleg (↓)
3. engl. Finanzchef (→)
4. Spur von der Bilanz bis zum Beleg (→)
5. Anderes Wort für Rechnungswesen (↓)
6. Anderes Wort für Erwerben (↓)
7. Kleine und mittelgrosse Unternehmen (→)
8. Laufende Rechnung mit Zu- und Abnahmen (↓)
9. Dokument in Papierform zur Verbuchung (↓)
10. Linke Seite eines Kontos (↓)
11. Anderes Wort für Schlussbestand (→)

Aufgaben

Aufgabe 8 (Geschäftsfälle doppelt in Konten buchen)   ●○○

Erfassen Sie die Geschäftsfälle in den Konten. Was stellen Sie fest?

Nr.	Text
AB	Anfangsbestände: Kasse 10, Bank 30, Mobilien 40, Kreditoren 30, Darlehen 10 (Passivdarlehen)
1	Bargeldbezug am Bancomat, 1
2	Kauf von Mobilien auf Kredit, 2
3	Bezahlung einer Kreditorenrechnung über die Bank, 10
4	Aufstockung des Darlehens. Die Auszahlung von 20 erfolgt auf die Bank.
5	Verkauf von Büromobiliar für 10 gegen Barzahlung
6	Einzahlung von Bargeld auf die Bank, 5
7	Eine offene Rechnung von 7 wird in ein langfristiges Darlehen umgewandelt.
SB	Schlussbestände

	Kasse		Bank		Mobilien		Verbindl. LL		Darlehen	
	S	H	S	H	S	H	S	H	S	H
AB										
1										
2										
3										
4										
5										
6										
7										
SB										

Feststellung:

Aufgabe 9 (Doppelte Buchhaltung)

Bestimmen Sie, wie die folgenden Geschäftsfälle in der Buchhaltung erfasst werden. Nehmen Sie zum systematischen Lösen dieser Aufgabe allenfalls die Buchungsregeln zur Hilfe.

Leitfragen
- In welchen zwei Konten wird der Geschäftsfall erfasst?
  (Die Konten können nach beliebiger Reihenfolge genannt werden.)
- Nimmt das jeweilige Konto zu oder ab? (↑ / ↓)
- Wird der Betrag im jeweiligen Konto im Soll oder im Haben erfasst? (S / H)

Nr.	Geschäftsfall	Konten	↑	↓	S	H
1	Barbezug ab Bankkonto.					
2	Kauf eines Computers auf Rechnung.					
3	Rückzahlung eines Darlehens durch die Bank.					
4	Verkauf einer Maschine auf Rechnung.					
5	Bankzahlung eines Debitors.					
6	Aufnahme eines langfristigen Bankkredits. Das Geld wird auf unser Bankkonto überwiesen.					
7	Postzahlung einer Kreditorenrechnung.					
8	Bareinzahlung auf das Postkonto.					

Aufgaben

Aufgabe 10 (Doppelte Buchhaltung) ● ● ○

Bestimmen Sie, wie die folgenden Geschäftsfälle in der Buchhaltung erfasst werden. Nehmen Sie zum systematischen Lösen dieser Aufgabe allenfalls die Buchungsregeln zur Hilfe.

> **Leitfragen**
> – In welchen zwei Konten wird der Geschäftsfall erfasst?
>   (Die Konten können nach beliebiger Reihenfolge genannt werden.)
> – Nimmt das jeweilige Konto zu oder ab? (↑ / ↓)
> – Wird der Betrag im jeweiligen Konto im Soll oder im Haben erfasst? (S / H)

Nr.	Geschäftsfall	Konten	↑	↓	S	H
1	Geschäftsgründung durch Kapitaleinlage auf die Bank.					
2	Aufnahme eines Darlehens. Der Darlehensgeber überweist uns den Betrag auf unser Postkonto.					
3	Ein Lieferant ist gleichzeitig unser Kunde. Wir verrechnen seine Rechnung mit unserer Rechnung.					
4	Rückzahlung des Darlehens durch Abgabe einer Maschine.					
5	Der Geschäftseigentümer überschreibt der Unternehmung eine Liegenschaft.					
6	Die Liegenschaft wird neu mit einer Hypothek belehnt. Das Geld wird uns auf dem Bankkonto gutgeschrieben.					
7	Teilrückzahlung der Hypothek über das Bankkonto.					
8	Die Geschäftsleiterin nimmt am Vorstellungsgespräch eines Sekundarschülers teil.					

Kontieren & Buchen | 2

Aufgabe 11 (Geschäftsfälle doppelt in Konten buchen) ● ○ ○

a) Zeigen Sie die Eröffnungsbilanz und erfassen Sie die Geschäftsfälle in den Konten.

Nr.	Text
AB	Anfangsbestände: Kasse 100, Bank 200, Mobilien 500, Verbindl. LL 300, Eigenkapital?
1	Verkauf von Mobilien gegen Barzahlung, 150
2	Einzahlung von Bargeld auf unser Bankkonto, 150
3	Bankzahlung von bereits gebuchten Lieferantenrechnungen, 200
SB	Schlussbestände

Eröffnungsbilanz

Aktiven	Passiven
Umlaufvermögen	**Fremdkapital**
Kasse	Verbindlichkeiten LL
Bank	
Anlagevermögen	**Eigenkapital**
Mobilien	Eigenkapital

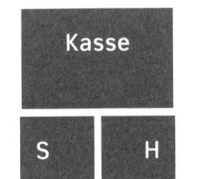

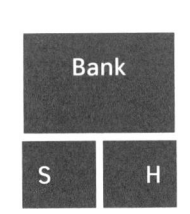

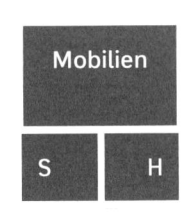

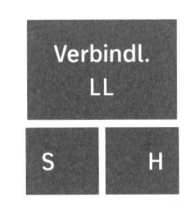

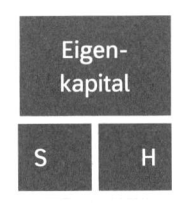

	Kasse		Bank		Mobilien		Verbindl. LL		Eigenkapital	
	S	H	S	H	S	H	S	H	S	H
AB										
1										
2										
3										
SB										

www.klv.ch

83

Aufgaben

b) Wie lauten die Buchungssätze der Geschäftsfälle (inkl. Anfangs- und Schlussbeständen)?

Nr.	Soll	Haben	Betrag
AB			
1			
2			
3			
SB			

c) Erstellen Sie die Schlussbilanz

Schlussbilanz

Aktiven		Passiven	
Umlaufvermögen		**Fremdkapital**	
Kasse		Verbindlichkeiten LL	
Bank			
Anlagevermögen		**Eigenkapital**	
Mobilien		Eigenkapital	

Kontieren & Buchen | 2

Aufgabe 12 (Doppelte Buchhaltung) ● ○ ○

Jil Hess ist im 4. Jahr am Gymnasium und tätigt in ihrer Freizeit gerne Käufe und Verkäufe über Ebay. Sie beschliesst, ab sofort dafür eine doppelte Buchhaltung zu führen. Momentan gestaltet sich die Vermögens- und Finanzierungslage von Jil wie folgt:

> Bargeld 100, Guthaben auf dem Bankkonto 2000, Kreditoren 300, Guthaben aus Ebay-Auktionen 600, Laptop 500, Mobiltelefon 400, Schmuck 800, **Eigenkapital?**

a) Erstellen Sie die Eröffnungsbilanz vom 01.03.20__ unter Anwendung der üblichen Kontenbezeichnungen. Das gesamte Anlagevermögen soll im Konto Mobilien erfasst werden.

b) Die folgenden Geschäftsfälle sind zu verbuchen und in den Konten zu erfassen.

Datum	Geschäftsfall
01.03.	Buchung der Anfangsbestände.
05.03.	Jil hatte in einer Auktion eine ihrer Halsketten zum Verkauf angeboten. Die Auktion schliesst zum Höchstgebot von CHF 100. Jil schreibt dem Höchstbietenden per Email eine Rechnung. Der Käufer holt die Halskette noch am selben Tag bei Jil ab.
10.03.	Der Käufer der Halskette überweist den Rechnungsbetrag auf Jil's Bankkonto.
17.03.	Jil bekommt den Zuschlag für einen Prototypen des iPhone 6s. Der Rechnungsbetrag beläuft sich auf CHF 600.
19.03.	Barbezug von CHF 500 ab dem Bankkonto.
23.03.	Jil bezahlt den Rechnungsbetrag für ihr neues iPhone bar (vgl. 17.03.).
25.03.	Zahlungseingänge auf dem Bankkonto für bereits ausgestellte Rechnungen CHF 200
26.03.	Zahlungen von Kreditorenrechnungen ab dem Bankkonto, CHF 250
31.03.	Buchung Schlussbestände.

Aufgaben

Buchungssätze

Datum	Soll	Haben	Betrag
01.03.			
05.03.			
10.03.			
17.03.			
19.03.			
23.03.			
25.03.			
26.03.			
31.03.			

Konten

| Soll (+) | Kasse | (−) Haben | | Soll (+) | Mobilien | (−) Haben |

| Soll (+) | Bank | (−) Haben | | Soll (−) | Verbindl. LL | (+) Haben |

| Soll (+) | Forderungen LL | (−) Haben | | Soll (−) | Eigenkapital | (+) Haben |

c) Erstellen Sie die Schlussbilanz vom 31.03.20___.

Aufgaben

Aufgabe 13 (Doppelte Buchhaltung mit summarischem Nachweis der Bilanzsumme) ●●○

Susi Herzblatt betreibt als Einzelunternehmerin unter der Firma Susi Taxi einen Taxibetrieb in der Stadt Winterthur. Am 01.01.20__ weist die Unternehmung folgende Aktiven- und Passiven aus:

> Bargeld 2000, offene Lieferantenrechnungen 3000, Bankguthaben 12000, Darlehen bei den Eltern 37000, Offene Kundenrechnungen 600, BMW X3 63000, Laptop 2000, Mobiltelefon 400, **Eigenkapital?**

a) Erstellen Sie die Eröffnungsbilanz vom 01.01.20__.

b) Tragen Sie die Anfangsbestände (AB) in den Bilanzkonten auf der Folgeseite ein.

c) Im Januar bietet Susi Herzblatt keine Taxifahrten an und nutzt die Zeit, um ihren Betrieb neu zu organisieren, das Anlagevermögen zu warten, Neuinvestitionen zu tätigen und Skiferien zu machen. Erfassen Sie die nachfolgenden Geschäftsfälle aus dem Monat Januar in den Konten, um danach die Schlussbestände (SB) einzutragen.

Datum	Geschäftsfall
03.01.	Im Taxi installiert die Garage Frei AG ein Navigationsgerät, Rechnungsbetrag: CHF 1200.
05.01.	Bezug von CHF 1000 Bargeld ab dem Bankkonto, um den Noten- und Münzbestand im Taxi-Portmonee aufzustocken.
15.01.	Banküberweisung CHF 2000 an die Eltern für die Teilrückzahlung des Darlehens.
15.01.	Die Eltern von Susi Herzblatt erlassen dem Taxibetrieb CHF 10000 der Darlehensschuld.
22.01.	Bankzahlung an die Garage Frei AG zur Begleichung der Rechnung vom 03.01.
23.01.	Bankzahlung einer Lieferantenrechnung, CHF 1300.
30.01.	Verkauf des Laptops zum Buchwert von CHF 2000 gegen Rechnung.
31.01.	Kauf eines Apple Ipads für CHF 800 gegen Barzahlung.

Kontenführung

| Soll (+) | Kasse | (−) Haben | | Soll (+) | Mobilien | (−) Haben |

| Soll (+) | Bank | (−) Haben | | Soll (−) | Verbindl. LL | (+) Haben |

| Soll (+) | Forderungen LL | (−) Haben | | Soll (−) | Darlehen | (+) Haben |

| Soll (+) | Fahrzeug(e) | (−) Haben | | Soll (−) | Eigenkapital | (+) Haben |

Aufgaben

d) Erstellen Sie die Schlussbilanz vom 31.01.20___.

e) Zur internen Revision (Kontrolle) der Buchhaltung weist Susi Herzblatt die Bilanzsumme Ende Januar summarisch nach, in dem sie aufzeigt, wie die Geschäftsfälle des Monats die Bilanzsumme beeinflusst haben (+/−).

Datum	+/−	Betrag
Eröffnung		
03.01.		
05.01.		
15.01		
15.01.		
22.01.		
23.01.		
30.01.		
31.01.		
Abschluss		

Kontieren & Buchen | 2

Aufgabe 14 (Methodik zur Ermittlung des Buchungssatzes)

Bestimmen Sie, wie die folgenden Geschäftsfälle in der Buchhaltung der Unternehmung zu erfassen sind. Nehmen Sie zum systematischen Lösen dieser Aufgabe allenfalls die Buchungsregeln zur Hilfe.

Leitfragen
1. Auf welchen zwei Konten wird der Geschäftsfall erfasst?
2. Nimmt das jeweilige Konto zu oder ab? (↑ / ↓)
3. Wird der Betrag im jeweiligen Konto im Soll oder im Haben erfasst? (S / H)
4. Wie lautet der Buchungssatz?

a) Barbezug von CHF 1 000.00 ab dem Bankkonto.

① Auf welchen Konten wird der Geschäftsfall erfasst? (Reihenfolge nicht relevant)	② ↑	↓	③ S	H	④ Buchungssatz Sollbuchung / Habenbuchung Betrag

b) Kauf eines Druckers für CHF 450.00 auf Rechnung.

① Auf welchen Konten wird der Geschäftsfall erfasst? (Reihenfolge nicht relevant)	② ↑	↓	③ S	H	④ Buchungssatz Sollbuchung / Habenbuchung Betrag

c) Rückzahlung von CHF 15 000.00 des Darlehens durch die Bank.

① Auf welchen Konten wird der Geschäftsfall erfasst? (Reihenfolge nicht relevant)	② ↑	↓	③ S	H	④ Buchungssatz Sollbuchung / Habenbuchung Betrag

d) Verkauf eines Fahrzeugs zum Buchwert von CHF 12 000.00 auf Kredit.

① Auf welchen Konten wird der Geschäftsfall erfasst? (Reihenfolge nicht relevant)	② ↑	↓	③ S	H	④ Buchungssatz Sollbuchung / Habenbuchung Betrag

Aufgaben

e) Der Einzelunternehmer überlässt seinem Geschäft als Kapitaleinlage ein geerbtes Grundstück im Wert von CHF 500 000.00, auf dem keine Hypothek lastet.

❶ Auf welchen Konten wird der Geschäftsfall erfasst? (Reihenfolge nicht relevant)	❷ ↑	↓	❸ S	H	❹ Buchungssatz Sollbuchung / Habenbuchung Betrag

f) Bankzahlung einer offenen Lieferantenrechnung, CHF 130.00.

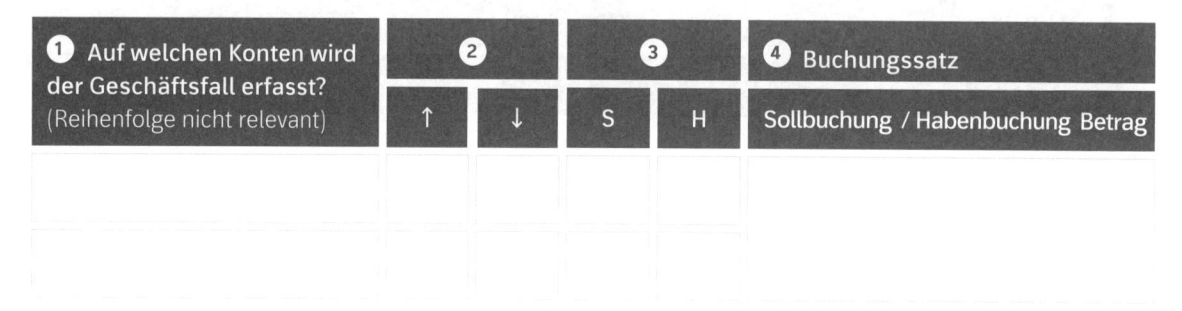

❶ Auf welchen Konten wird der Geschäftsfall erfasst? (Reihenfolge nicht relevant)	❷ ↑	↓	❸ S	H	❹ Buchungssatz Sollbuchung / Habenbuchung Betrag

g) Monatliche Amortisation (Rückzahlung) der Hypothek, Bankzahlung CHF 1 000.00.

❶ Auf welchen Konten wird der Geschäftsfall erfasst? (Reihenfolge nicht relevant)	❷ ↑	↓	❸ S	H	❹ Buchungssatz Sollbuchung / Habenbuchung Betrag

h) Die Unternehmung hat sich Möbel im Wert von CHF 10 000.00 beschafft. Der Lieferant gewährte ein Darlehen im Rahmen des Kaufpreises.

❶ Auf welchen Konten wird der Geschäftsfall erfasst? (Reihenfolge nicht relevant)	❷ ↑	↓	❸ S	H	❹ Buchungssatz Sollbuchung / Habenbuchung Betrag

Kontieren & Buchen | 2

Aufgabe 15 (Gemischte Geschäftsfälle verbuchen) ●○○

Nennen Sie die Buchungssätze zu den nachfolgenden Geschäftsfällen (ansteigender Schwierigkeitsgrad).

Nr.	Geschäftsfall
1	Geschäftsgründung. Der Eigentümer bezahlt CHF 100 000 auf das Bankkonto der Unternehmung ein.
2	Kauf von Büromobiliar auf Rechnung, CHF 20 000.
3	Bezahlung der Rechnung (vgl. 2) über das Bankkonto.
4	Barbezug ab dem Bankkonto, CHF 5 000.
5	Kauf eines BMW 130i (265 PS) gegen Bankzahlung, CHF 30 000.
6	Kauf eines Notebooks gegen Barzahlung, CHF 1 000.
7	Die Leistung des gekauften Notebooks erweist sich als ungenügend. Es wird über ein Online-Auktionshaus für CHF 1 000 gegen Rechnung verkauft.
8	Kauf eines neuen Notebooks auf Rechnung, CHF 2 000.
9	Die Rechnung für das Notebook (vgl. 8) wird am Postschalter bar beglichen.
10	Der BMW 130i wird von einer Tuning-Garage mit einem Kompressor ausgestattet und hat nun 320 PS. Die Garage stellt uns dafür CHF 8 000 in Rechnung.

Nr.	Soll	Haben	Betrag
1			
2			
3			
4			
5			
6			
7			
8			
9			
10			

Aufgaben

Aufgabe 16 (Gemischte Geschäftsfälle verbuchen)

Nennen Sie die Buchungssätze zu den nachfolgenden Geschäftsfällen (ansteigender Schwierigkeitsgrad).

Nr.	Geschäftsfall
1	Bargeldbezug am Bankschalter, CHF 2 000.
2	Kauf eines Bürotischs auf Rechnung, CHF 1 800.
3	Bankzahlung der Rechnung für den Bürotisch (vgl. 2) nach Abzug von 2 % Skonto.
4	Postzahlung eines gewährten Darlehens, CHF 7 500.
5	Verkauf einer elektronischen Kasse zum Buchwert von CHF 1 500 auf Kredit.
6	Der Käufer der elektronischen Kasse bezahlt den Rechnungsbetrag auf unser Bankkonto.
7	Als Kapitaleinlage bringt der Eigentümer die Verwertungsrechte an einer Erfindung in die Unternehmung ein, Wert CHF 150 000.
8	Die Bank überweist uns CHF 400 000 als Hypothek auf einer Liegenschaft im Wert von CHF 2 000 000.
9	Die Aktionäre bezahlen der Aktiengesellschaft CHF 100 000 gegen die Ausgabe neuer Aktien auf die Bank ein.
10	Das Konto Fahrzeuge (Saldo 25 000) wird mit dem Konto Mobilien (Saldo 30 000) unter dem neu gebildeten Konto Anlagen zusammengefasst.

Nr.	Soll	Haben	Betrag
1			
2			
3			
4			
5			
6			
7			
8			
9			
10			

Konfieren & Buchen | 2

Aufgabe 17 (Belege kontieren)

Die Hotbag GmbH stellt Damentaschen her und vertreibt diese über das Internet. Kontieren Sie die nachstehenden Belege der Hotbag GmbH, indem Sie den korrekten Buchungssatz mit den Kontennummern aus dem nachstehenden Kontenplan eintragen, eine Belegnummer vergeben (freie Belegnummern: 112345, 112346, 112347, 112348) und Ihr Kürzel unter dem 1. Visum anbringen.

1000 Kasse	1260 Vorräte Fertigfabrikate	1540 Werkzeuge und Geräte	2400 Bankdarlehen
1020 Bank (Kontokorrent)	1440 Aktivdarlehen	1600 Immobilien	2500 Passivdarlehen
1100 Kunden-Debitoren	1500 Maschinen/Apparate	2000 Lieferanten-Kreditoren	2810 Eigenkapital

HOSTFROG AG
Densstrasse 17, 7203 Trimmis, info@hostfrog.ch
Tel. 081 345 12 23

Hotbag GmbH
Chätzlerweg 2c
8311 Brütten

Trimmis, 12.08.20—

Rechnung-Nr. 367 für die Lieferung von Computer-Zubehör

Artikel	Preis	Stk.	Total
Cable-Modem IBT, X-10	140.00	2	280.00
Wireless-Adapter IBT, X-V	160.00	3	480.00
Netzwerkkabel (pro Meter)	2.80	10	28.00
Total Rechnungsbetrag			**788.00**

Zahlbar innert 30 Tagen.

Empfangsschein — CHF 788.00
Zahlteil — CHF 788.00

---

buchhaltung@hotbag.ch

29.08.20—; 10.32

von: finance@leathersupply.ch
an: buchhaltung@hotbag.ch
cc: erich.mayer@leathersupply.ch

Betreff: Gewährung Darlehen

Sehr geehrte Frau Täschler

Sie haben uns angefragt, ob Sie den bei uns offenen Rechnungsbetrag von CHF 5 000.00 in ein zu 5 % verzinsliches Darlehen umwandeln könnten. Es freut uns, Ihnen mitteilen zu können, dass die Geschäftsleitung damit einverstanden ist. Alles Weitere können wir an der Sitzung nächste Woche besprechen.

Freundliche Grüsse

U. Kineau

Finanzchefin
Leathersupply AG

Ausgedruckt: 11.10 Uhr am 29.08.20—

United Bank of Switzerland
Filiale Bern Bundesplatz 3, 3011 Bern
Tel.: 031 311 11 11, info@ubswi.ch

Quittung für Bargeldbezug

Betrag:	CHF 10 000.00
Valuta:	23.08.20—
Lastkonto:	T.456.223.220
Es bediente Sie:	T. Conelli

T3112.21112.244.CH
LBK 334 - T

Quittung

CHF 3 000.— bar erhalten für die Lieferung der Maschine X1.

Basel, 12.8.

(L. Arber, Arber AG)

Aufgaben

Aufgabe 18 (Doppelte Buchhaltung mit Journal)

Nachstehend finden Sie die Eröffnungsbilanz vom 01.12.20__ der Schreinerei Gertschen.

Eröffnungsbilanz Schreinerei Gertschen vom 01.12.20__

Aktiven			Passiven		
Umlaufvermögen			**Fremdkapital**		
Kasse	1 296.40		Verbindlichkeiten LL	31 441.50	
Post	3 881.50		Hypotheken	50 000.00	81 441.50
Bank	17.80				
Forderungen LL	2 967.20				
Warenvorrat	10 101.00				
Rohmaterial	2 833.60				
Fertigfabrikate	9 090.00	30 187.50			
Anlagevermögen					
Maschinen	63 684.00		**Eigenkapital**		
Mobilien	7 070.00		Eigenkapital	400 000.00	400 000.00
Fahrzeuge	500.00				
Immobilien	380 000.00	451 254.00			
		481 441.50			481 441.50

a) Nennen Sie die Buchungen für die folgenden Anfangsbestände.

Text	Soll	Haben	Betrag
Anfangsbestand Bank			
Anfangsbestand Kreditoren			

b) Umstellung der Buchhaltung am 01.12.:
Die Konten Warenvorrat, Rohmaterial und Fertigfabrikate werden aufgelöst, weil ab sofort nur noch das neu eröffnete Konto Vorräte geführt werden soll. Die Konten werden mittels Übertrag auf das Konto Vorräte saldiert. Nennen Sie die Buchungssätze für die Überträge und nehmen Sie die Einträge im Konto Vorräte vor.

Text	Soll	Haben	Betrag
Übertrag Warenvorrat			
Übertrag Rohmaterial			
Übertrag Fertigfabrikate			

c) Tragen Sie die Anfangsbestände (AB) in den Bilanzkonten auf den nachfolgenden Seiten ein.

Kontieren & Buchen | 2

d) Verbuchen Sie die nachfolgenden Geschäftsfälle der Schreinerei Gertschen im Monat Dezember.

Datum	Geschäftsfall
02.12.	Agi Fischli, die Tochter des Schreinermeisters Gertschen, zahlt am Postschalter die Bareinnahmen von CHF 434.40 auf das Postkonto ein.
04.12.	Kundin Sandra Bächli zahlt unsere Rechnung von CHF 171.50 auf unser Bankkonto ein.
06.12.	Schreinermeister Gertschen bringt ein benachbartes Grundstück im Wert von CHF 80 000.00 als Kapitalerhöhung ein.
07.12.	Bankverwalter Julen gewährt uns eine Hypothek von CHF 40 000.00, mit der wir den Bau der neuen Werkstatt im Wert von CHF 40 000.00 finanzieren.
11.12.	Treuhänder Werlen überweist uns den Fakturabetrag von CHF 2 020.20 für den neuen Schreibtisch und den neuen Bürostuhl für Steffi Zgraggen auf die Sparkasse Kühmad.
12.12.	Lieferant Bäumle sendet uns die Rechnung für die heute gelieferte Schleifmaschine Bäumle-CK2 im Wert von CHF 12 000.00.
12.12.	Bei Ankunft der neuen Schleifmaschine zahlen wir dem Spediteur Vögele die Frachtrechnung von CHF 840.00 bar.
12.12.	Bei Überprüfung der angelieferten Schleifmaschine stellen wir fest, dass es nicht die von uns bestellte Schleifmaschine Bäumle-CK2, sondern der Typ Bäumle-CK3 ist. Telefonisch machen wir ab, dass wir die Schleifmaschine behalten, verlangen aber einen Rabatt von 20 %. Seniorchef Leopold Bäumle ist einverstanden. Wenig später trifft der entsprechende Fax ein.
14.12.	Überweisung von CHF 2 647.20 an Treuhänder Werlen für Rechnung zur Buchführung des ganzen Jahres durch die Post.
16.12.	Eva Mohl, unsere Lehrtochter, lässt am Bancomaten für das Geschäft vier Fünfzigernoten heraus.
18.12.	Kundin Beatrice Kohl überweist den Betrag unserer Rechnung von CHF 442.50 auf unser Bankkonto.
19.12.	Wir überweisen an Lieferant Hohl den Betrag seiner Rechnung von CHF 1 557.70 durch die Post.
20.12.	Dr. Wohl überweisen wir für seinen Vortrag über Burnout-Syndrom und Unfallprävention am Arbeitsplatz den Betrag seiner Rechnung von CHF 230.00 durch die Bank.

Datum	Soll	Haben	Betrag
02.12.			
04.12.			
06.12.			
07.12.			
11.12.			
12.12.			
12.12.			
12.12.			
14.12.			

Aufgaben

Datum	Soll	Haben	Betrag
16.12.			
18.12.			
19.12.			
20.12.			

e) Schliessen Sie alle Konten ab.

Kontenführung

Soll	Kasse	Haben

Soll	Verbindlichkeiten LL	Haben

Soll	Post	Haben

Soll	Hypotheken	Haben

Soll	Bank	Haben

Soll	Eigenkapital	Haben

Soll Forderungen LL Haben	Soll Vorräte Haben
Soll Fahrzeuge Haben	Soll Mobilien Haben
Soll Maschinen Haben	Soll Immobilien Haben

Aufgaben

f) Nennen Sie die Buchungen für die folgenden Schlussbestände.

Text	Soll	Haben	Betrag
Schlussbestände Vorräte			
Schlussbestände Kreditoren			

g) Erstellen Sie die Schlussbilanz vom 31.12.20___.

Aufgabe 19 (Doppelte Buchhaltung mit Journal)

Nachfolgend finden Sie die Bilanzpositionen der Lötschberg Autohandel AG vom 01.01.20__

> Kasse, 5000, Verbindlichkeiten LL 170120, Post 27545, Hypotheken 140000, Bank 75000, **Aktienkapital?**, Forderungen LL 62455, Reserven 171000, Bestand Autos für Handel 999120, Werkzeuge 22000, Fahrzeuge für Eigengebrauch 10000, Immobilien 280000

a) Erstellen Sie die Eröffnungsbilanz vom 01.01.20__.

b) Erklären Sie die Position Aktienkapital in der Bilanz.

Aufgaben

c) Im Rahmen einer Betriebserweiterung sind folgende Geschäftsfälle im Januar zu verbuchen:

Datum	Geschäftsfall
02.01.	Ein Honda CRX V-Tec wird aus dem Fahrzeugbestand für den Eigenbedarf übernommen (Ankaufspreis 5000).
03.01.	Wir amortisieren (Rückzahlung) CHF 10 000 unserer Hypothek mittels Postzahlung.
05.01.	Die General Bau AG stellt uns eine Rechnung über CHF 200 000 für den Anbau der neuen Lagerhalle (100 % Vorauszahlung).
06.01.	Die neue Lagerhalle (vgl. 05.01.) wird wie folgt finanziert: ½ Aktienkapitalerhöhung (Einzahlung auf die Bank) ¼ Hypothek (Die Bank schreibt uns den Betrag auf unserem Bankkonto gut) ¼ aus bestehenden Mitteln (via Überweisung am 07.01.)
07.01.	Die Rechnung der General Bau AG (vgl. 05.01.) wird über die Bank bezahlt.
08.01.	Zur Ausrüstung der neuen Lagerhalle kaufen wir eine mobile Schutzgasanlage im Wert von CHF 5000 auf Rechnung. Zusätzlich fallen Installationskosten von CHF 80 an, die wir der Monteurin bar entrichten.
15.01.	Nach Abzug von 2 % Skonto bezahlen wir die Rechnung vom 08.01. über die Bank.
21.01.	Debitor Rüfenacht überweist uns eine Ratenzahlung von CHF 10 000 auf unser Bankkonto.
25.01.	Für den Anbau der neuen Lagerhalle wird der General Bau AG zusätzlich CHF 30 200 per Bank überwiesen.

Datum	Soll	Haben	Betrag
02.01.			
03.01.			
05.01.			
06.01.			
07.01.			
08.01.			
15.01.			
21.01.			
25.01.			

Kontenführung

| Soll | Kasse | Haben | | Soll | Mobilien, Werkzeuge | Haben |

| Soll | Post | Haben | | Soll | Immobilien | Haben |

| Soll | Bank | Haben | | Soll | Verbindl. LL | Haben |

| Soll | Forderungen LL | Haben | | Soll | Hypotheken | Haben |

Aufgaben

Soll	Fahrzeugbestand	Haben		Soll	Aktienkapital	Haben

Soll	Fahrzeug(e)	Haben		Soll	Reserven	Haben

d) Erstellen Sie eine Zwischenbilanz Ende Januar.

Aufgaben

Aufgabe 20 (Storno von Fehlbuchungen)

Marc Müller ist im ersten Lehrjahr seiner Kaufmännischen Ausbildung bei der Paul Beinhart AG, Handel mit Baumwolle, in Winterthur. Gestern hatte er einen schlechten Tag und diverse Belege falsch verbucht.

Geschäftsfälle

Nr.	Geschäftsfall
1	Kauf eines neuen Bürotischs im Wert von CHF 800 auf Rechnung.
2	Postzahlung der Rechnung (vgl. 1).
3	Barbezug ab dem Postkonto, CHF 1 000.

Buchungsjournal

Nr.	Soll	Haben	Betrag
1	Mobilien	Forderungen LL	800
2	Post	Forderungen LL	800
3	Post	Kasse	1 000

Storno und Neubuchung

Die Fehlbuchungen sind zu stornieren und die Geschäftsfälle neu korrekt zu buchen.

Nr.	Soll	Haben	Betrag
1			
1			
2			
2			
3			
3			

Kontieren & Buchen | 2

Aufgabe 21 (Anspruchsvolle Geschäftsfälle verbuchen)   ● ● ○

Nennen Sie die Buchungssätze zu den Geschäftsfällen.

Nr.	Geschäftsfall
1	Ausgabe von Aktien zum Total an Nennwerten von 100. Durch die hohe Nachfrage nach den Aktien kann ein Ausgabepreis von 120 erzielt werden, der auf die Bank einbezahlt wird. Die Differenz zwischen Nennwert und Ausgabepreis (sog. Agio) ist in das Konto Reserven zu buchen.
2	Kauf einer Liegenschaft für 100. Die Finanzierung erfolgt zu 20 % durch eigene Mittel via Bankzahlung und zu 80 % mit einer Hypothek. Die Bank überweist den gewährten Hypothekarkredit direkt an den Verkäufer der Liegenschaft.
3	Das Postkonto wird aufgelöst. Der Saldo von 5 wird auf unser Bankkonto überwiesen.
4	Verkauf einer Maschine auf Kredit, 10
5	Der Käufer der Maschine (vgl. 4) bezahlt den Rechnungsbetrag abzüglich 10 % Mängelrabatt auf die Bank.
6	Ein Kunde von uns ist gleichzeitig Lieferant und verrechnet 2 seiner Schuld mit seinem Guthaben.
7	Wir erwerben die Lizenz zur Produktion des Dunasty Tablet PCs im Wert von 20. 25 % davon bezahlen wir sofort per Banküberweisung. Den Rest bezahlen wir über die nächsten 10 Jahre in Raten.

Nr.	Soll	Haben	Betrag
1			
2			
3			
4			
5			
6			
7			

Aufgaben

Aufgabe 22 (Praxisfall: Armer Osterhase)

Die Chocolat Frey AG ist einer der grössten Schokoladenproduzenten der Schweiz. Verbuchen Sie die nachfolgenden echten Geschäftsfälle der Chocolat Frey AG (Zahlen leicht vereinfacht), wobei sie herausfinden werden, warum der arme Osterhase unten nur ein Ohr hat …

Kontenplan der Chocolat Frey AG (für Schulzwecke vereinfacht)

Aktiven		Passiven	
1000	Kasse	2000	Verbindlichkeiten aus Lieferungen und Leistungen
1010	Post	2010	übrige Verbindlichkeiten
1020	Bank	2400	Hypotheken
1030	Wertschriften	2800	Aktienkapital
1100	Forderungen aus Lieferungen und Leistungen	2810	Reserven
1110	übrige Forderungen	2820	Gewinnvortrag
1200	Handelswaren		
1210	Rohmaterial		
1220	Fertigfabrikate		
1230	Angefangene Arbeiten		
1500	Maschinen		
1510	Mobilien		
1520	Fahrzeuge		
1600	Immobilien		
1700	Patente		
1710	Lizenzen		
Abschluss			
9100	Bilanz		

Nr.	Geschäftsfall
1	Für die Osterproduktion muss die Chocolat Frey AG im Sommer die Rohmaterialien (Kakaobohnen, Kakaobutter, Milchpulver, Zucker und weitere Zutaten) und Packmaterialien für 4 000 000 Osterhasen einkaufen. Pro Hase belaufen sich die gesamten Materialkosten auf CHF 3/Stück. Der Einkauf erfolgt auf Rechnung und ist innerhalb von 30 Tagen zahlbar.
2	Die Rechnung für die Roh- und Packmaterialien wird durch Banküberweisung beglichen.
3	Im Februar wird das Lager der Chocolat Frey AG mit den 4 000 000 Osterhasen in Volketswil durch einen Brand auf Grund eines Kurzschlusses vollständig zerstört. Die Versicherung übernimmt den gesamten Schaden am Lagerbestand zu CHF 5 Herstellkosten je Hase. Die Versicherung stellt dafür eine Gutschrift aus, zahlbar innert 30 Tagen.
4	Die Versicherung überweist die Schadensumme auf das Bankkonto.

Nr.	Soll	Haben	Betrag
1			
2			
3			
4			

Aufgabe 23 (Schnittstelle Betriebswirtschaftslehre: Organisation) ●●●

Der Student Mark Zuckerberg entwickelte im Herbst 2003 während seinem Studium an der Harvard Universität eine Website, worauf Studentinnen und Studenten ihr Foto von Besuchern bewerten lassen konnten. Basierend auf dieser Plattform gründete er zusammen mit drei Kollegen eine Unternehmung und entwickelte Facebook.

Heute hat Facebook fast 700 Millionen aktive Nutzer weltweit und einen geschätzten Marktwert von 50 Milliarden US-Dollar. Mark Zuckerberg hält noch immer 24 % der Anteile am Unternehmen.

a) Wenn eine Unternehmung schnell wächst, erfordert dies eine gute Organisation im Rechnungswesen. 2004 werden Sie von Mark Zuckerberg angefragt, ob Sie ihm einen Prozess (Schritt-für-Schritt-Anleitung) zur Bearbeitung von Kreditorenrechnungen entwerfen könnten, wobei die folgenden Arbeitsschritte in eine sinnvolle Reihenfolge gebracht werden sollen:

- Vergabe einer internen Belegnummer für das Rechnungswesen
- Kontierung
- Abstempeln mit Eingangsdatum
- Prüfung der Rechnung
- Zur Visierung (Prüfung) an Entwicklung weiterleiten
- Weiterleitung der Rechnung in das Rechnungswesen
- Ablage im Kreditorenarchiv (Ordner)
- Verbuchung im Buchhaltungssystem (Abstempeln als «gebucht»)

Merken Sie auch an, welche Abteilung für den jeweiligen Arbeitsschritt verantwortlich ist. Facebook hat zu diesem Zeitpunkt drei Abteilungen, die in diesen Prozess involviert sein sollen:

- Entwicklung (EN)
- Rechnungswesen (RW)
- Sekretariat (SE)

Schritt	Beschreibung des Arbeitsschritts	Verantwortung		
		EN	RW	SE
1				
2				
3				
4				
5				
6				
7				
8				

Aufgaben

b) Entwerfen Sie für Facebook einen sinnvollen Kontenplan, der dem KMU-Kontenrahmen entspricht (Gliederung, numerisches System und Bezeichnungen). Folgende Positionen sollen durch den Kontenplan erfasst werden können:

> Portokasse, Bankkonto, Kundenrechnungen, Lieferantenrechnungen, Büromobiliar, Personalcomputers, Servers, Urheberrecht am Programmcode, Aktienkapital, langfristig ausgeliehenes Geld.

Kontenplan für Facebook Start-Up

Aktiven | **Passiven**

Umlaufvermögen

Nummer: | Bezeichnung:

Fremdkapital

Nummer: | Bezeichnung:

Anlagevermögen

Nummer: | Bezeichnung:

Eigenkapital

Nummer: | Bezeichnung:

Aufgabe 24 (Schnittstelle Informatik; Automatische Kontenführung)

Sie haben den Auftrag ein kleines Buchhaltungssystem in Excel nach folgender Anleitung zu entwickeln.

a) **Journal**
Erstellen Sie in Excel eine Tabelle für ein Journal nach folgender Vorlage. Formatieren Sie das Zahlenformat in der Betragspalte mit 1 000-er-Trennzeichen und zwei Dezimalstellen.

	A	B	C	D
1	Nr.	Soll	Haben	Betrag
2				
3				
4				
5				
6				
7				
8				
9				
10				
11				

b) **Automatische Kontenführung**
Erstellen Sie unterhalb des Journals eine Kontenanzeige mit automatischer Summenbildung, wobei der Eintrag der Kontenbezeichnung im Feld C16 automatisch eine Summenbildung der Soll- und Habenbuchungen des betreffenden Kontos aus dem Journal auslöst. Der Anfangsbestand (AB) kann manuell eingetragen werden. Der Schlussbestand sowie die Kontrollsummen werden automatisch berechnet.

	A	B	C	D
15				
16		Kontenbezeichnung eingeben:		
17		Soll	Haben	
18	AB			
19	Buchung	=SUMMEWENN(B2:B11;C16;D2:D11)	=SUMMEWENN(C2:C11;C16;D2:D11)	
20	SB	=WENN(C19>B19;C19-B19;"")	=WENN(C19<B19;B19-C19;"")	
21		=SUMME(B18:B20)	=SUMME(C18:C20)	
22				

c) **Anwendung**
Wenn Sie das Excelblatt nach vorhergehender Anweisung korrekt erstellt haben, können Sie nun Buchungen im Journal mit beliebigen Konten eintragen. Die automatische Kontenführung können Sie anzeigen, in dem Sie im Feld C16 das gewünschte Konto eintragen. Anstelle der Kontenbezeichnungen können auch Kontennummern verwendet werden.

Probieren Sie das selbstgemachte Buchhaltungssystem anhand einer Aufgabe in diesem Kapitel aus!

Aufgaben

Aufgabe 25 (Schnittstelle Englisch: Übersetzung Stelleninserat)

Please find below a job advertisement for an Accounts Payable Administrator, a job you could apply for as well after your commercial education.

> This role will support the Accounts Payable Supervisor in achieving the Accounts Payable team goals and objectives. The person will also be part of identifying and suggesting process improvements within key areas of Accounts Payable. Responsible for processing vendor invoices and employee expenses for legitimate purchases of goods and services. Process computerized disbursements along with any manual cheques. Responsible for accounts payable functions and performing month end report and part of the year-end closing of the accounts payable system.

Please translate the following sentences.

Try **www.leo.org** as an online translator on your computer or smartphone.

english	german
accounts payable	
supervisor	
process improvements	
vendor invoices	
employee expenses	
services	
computerized disbursements	
manual cheques	
year-end closing	

Notizen

Erfolgsrechnung

Kapitel 3

3.1 Der Erfolg
3.2 Aufwände & Erträge
3.3 Erfolgsrechnung
3.4 Kontenrahmen KMU für die Erfolgsrechnung
3.5 Buchungsregeln für Erfolgskonten
3.6 Doppelter Nachweis des Erfolgs

3 Erfolgsrechnung

Leitfragen
Finden Sie beim Durcharbeiten der Theorie Antworten auf diese Fragen:

1. Was bedeutet Erfolg im Rechnungswesen?
2. Warum möchte eine Unternehmung in der Regel einen Gewinn erzielen?
3. Wann ist ein Geschäft erfolgswirksam?
4. Was sind Aufwände? Was sind Erträge?
5. Warum können Aufwände und Erträge indirekt als Teil des Eigenkapitals betrachtet werden?
6. Was bezweckt die Erfolgsrechnung und wann wird sie jeweils erstellt?
7. Wie ist eine Erfolgsrechnung darzustellen?
8. Wie kann der Erfolg aus der Erfolgsrechnung ermittelt werden?
9. Welche Buchungsregeln gelten für Aufwands- und Ertragskonten?
10. Was wird unter doppeltem Erfolgsnachweis verstanden?
11. Welche Möglichkeiten gibt es für die Verbuchung des Erfolgs (Gewinn / Verlust)?
12. Was ist der Unterschied zwischen Schlussbilanz I und Schlussbilanz II?

Notizen

3.1 Der Erfolg

Das können Sie bereits

Bisher hatten Sie nur Geschäftsfälle zu verbuchen, die immer mindestens zwei Bilanzkonten veränderten. Sofern es sich dabei nicht um Kapitaleinlagen oder -Rückzüge handelte, wurde der Wert des Eigenkapitals durch diese Geschäfte nicht verändert.

Beispiel	Buchung	Auswirkung Bilanz	
Kauf einer Maschine auf Rechnung	Maschinen / Verbindlichkeiten LL	Aktiven − Fremdkapital = Eigenkapital	+ + 0
Barbezug ab dem Bankkonto	Kasse / Bank	Aktiven − Fremdkapital = Eigenkapital	0 0 0
Bankbelastung für Darlehensrückzahlung	Darlehen / Bank	Aktiven − Fremdkapital = Eigenkapital	− − 0

... und das lernen Sie in diesem Kapitel

Es gibt auch Geschäftsfälle, die scheinbar nur ein einziges Bilanzkonto direkt verändern, weil eine Gegenleistung fehlt oder nicht bezifferbar ist. Damit die Bilanz nach der Erfassung solcher Geschäftsfälle stimmt, muss der Wert des Eigenkapitals erhöht oder gesenkt werden. Durch diese Geschäftsfälle gewinnt oder verliert die Unternehmung also an Wert.

Beispiel	Buchung	Auswirkung Bilanz	
Bankbelastung für bezahlte Löhne	? / Bank	Aktiven − Fremdkapital = Eigenkapital	− 0 −
Bankgutschrift für Zinsen	Bank / ?	Aktiven − Fremdkapital = Eigenkapital	+ 0 +
Unsere Computer haben in diesem Jahr 50 % ihres Werts verloren	? / Mobilien	Aktiven − Fremdkapital = Eigenkapital	− 0 −

Erfolgsrechnung | 3

Gewinn und Verlust
In der Regel will eine Unternehmung durch ihre Geschäftstätigkeit an Wert gewinnen («Vermögen vermehren»). Den Wertzuwachs des Eigenkapitals (Gewinn) kann sie nämlich wie folgt verwenden:

- Entschädigung der Eigentümer für das eingebrachte Risikokapital
- Reserven für ertragsschwache Perioden
- Investitionen

Ein Wertverlust kann dagegen nicht Ziel der unternehmerischen Tätigkeit sein.

Als Oberbegriff für Gewinn und Verlust steht die Bezeichnung Erfolg.

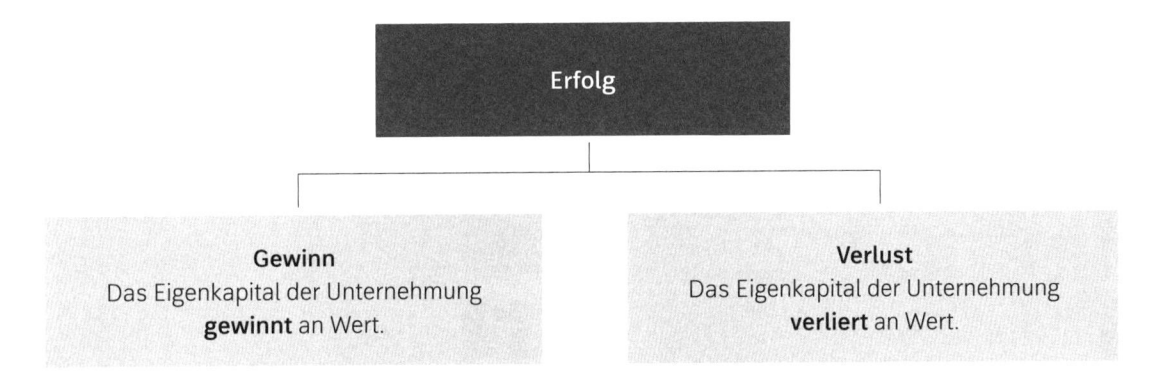

```
                    ┌─────────────┐
                    │   Erfolg    │
                    └──────┬──────┘
              ┌────────────┴────────────┐
   ┌──────────┴──────────┐   ┌──────────┴──────────┐
   │       Gewinn        │   │       Verlust       │
   │ Das Eigenkapital der│   │ Das Eigenkapital der│
   │    Unternehmung     │   │    Unternehmung     │
   │   gewinnt an Wert.  │   │   verliert an Wert. │
   └─────────────────────┘   └─────────────────────┘
```

Geschäfte der Unternehmung, die sich auf den Erfolg (Gewinn/Verlust) auswirken, werden als **erfolgswirksam** bezeichnet.

Vertiefung: Wann genau ist ein Geschäft erfolgswirksam?

Ein Geschäft ist erfolgswirksam, wenn es den Wert des Eigenkapitals verändert, ohne dass die Eigentümer Eigenkapital neu einlegen oder sich auszahlen lassen (Gewinnanteile).

Ob ein Geschäftsfall erfolgswirksam ist, lässt sich anhand seiner Auswirkung auf die Bilanz beurteilen. Ein Geschäftsfall ist erfolgswirksam, wenn er sich auf eine der folgenden vier Arten auf die Bilanz auswirkt.

#	Bedingung	Bilanzposition	Veränderung	Wirkung
1	Aktiven nehmen zu	Aktiven	+	Eigenkapital gewinnt an Wert
	Fremdkapital bleibt gleich	– Fremdkapital	0	
	Keine Kapitaleinlage der Eigentümer	= Eigenkapital	+	
2	Aktiven nehmen ab	Aktiven	–	Eigenkapital verliert an Wert
	Fremdkapital bleibt gleich	– Fremdkapital	0	
	Keine Auszahlung von Gewinn an Eigentümer	= Eigenkapital	–	
3	Aktiven bleiben gleich	Aktiven	0	Eigenkapital gewinnt an Wert
	Fremdkapital nimmt ab	– Fremdkapital	–	
	Keine Kapitaleinlage der Eigentümer	= Eigenkapital	+	
4	Aktiven bleiben gleich	Aktiven	0	Eigenkapital verliert an Wert
	Fremdkapital nimmt zu	– Fremdkapital	+	
	Keine Schuld bei Eigentümern für Gewinnanteile	= Eigenkapital	–	

Beispiel – Erfolgswirksamer Geschäftsfall

Die Tauchschule Chris Diermaier vermietet eine Tauchausrüstung an einen Kunden für CHF 130.00 pro Tag.

Wie wirkt sich dieses Geschäft auf den Erfolg aus?

- Geld fliesst zu
- Der Wert der übrigen Aktiven bleibt gleich
  (Tauchausrüstung kommt nach der Mietdauer wieder zurück)
- Das Fremdkapital bleibt gleich

Das Eigenkapital gewinnt an Wert (Gewinn)

Erfolgsrechnung | 3

3.2 Aufwände & Erträge

Das Rechnungswesen muss aufzeigen können, welche Geschäftsarten erfolgswirksam waren und damit den Wert des Eigenkapitals verändert haben.

Erfolgswirksame Geschäftsfälle werden aus diesem Grund nicht direkt im Konto Eigenkapital, sondern auf separaten Erfolgskonten erfasst. Erfolgskonten geben aufgrund ihrer Bezeichnung Auskunft über die Geschäftsart, die den Wertgewinn bzw. den Wertverlust des Eigenkapitals verursacht hat.

Es gibt zwei Arten von Erfolgskonten.

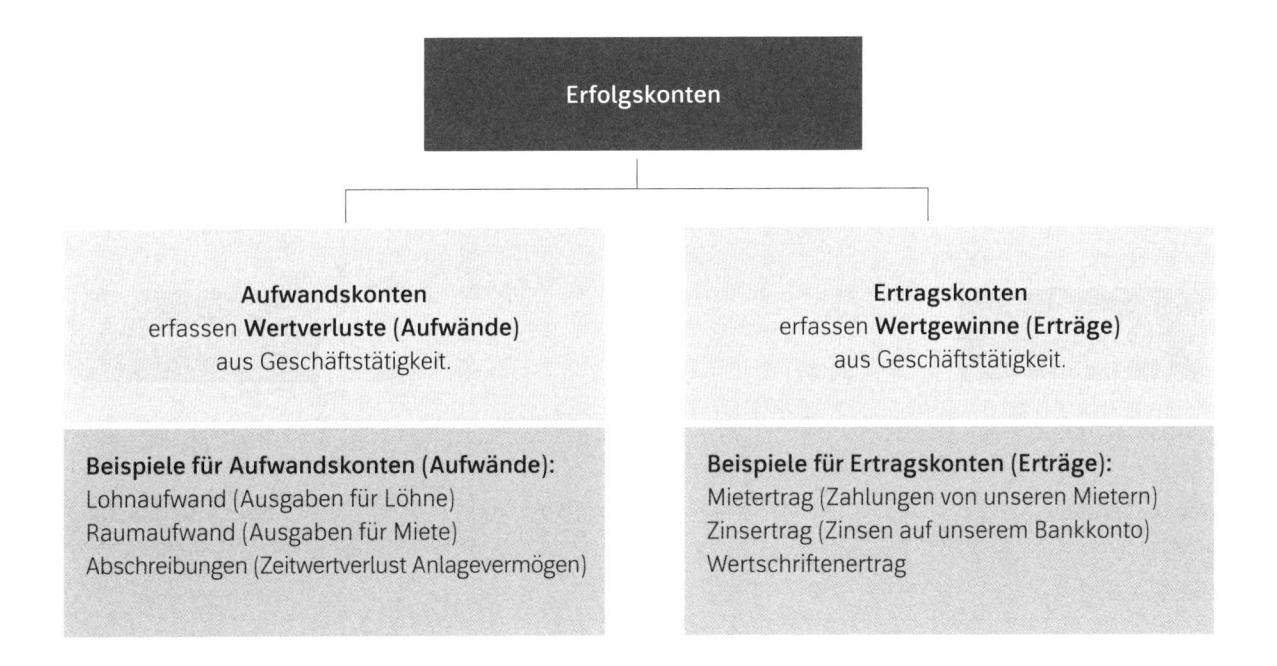

```
                        Erfolgskonten
                      /              \
        Aufwandskonten                Ertragskonten
        erfassen Wertverluste (Aufwände)    erfassen Wertgewinne (Erträge)
        aus Geschäftstätigkeit.             aus Geschäftstätigkeit.

        Beispiele für Aufwandskonten (Aufwände):    Beispiele für Ertragskonten (Erträge):
        Lohnaufwand (Ausgaben für Löhne)            Mietertrag (Zahlungen von unseren Mietern)
        Raumaufwand (Ausgaben für Miete)            Zinsertrag (Zinsen auf unserem Bankkonto)
        Abschreibungen (Zeitwertverlust Anlagevermögen)   Wertschriftenertrag
```

Rechnerische Ermittlung des Erfolgs (Gewinn oder Verlust)

Sind die Erträge grösser als die Aufwände, resultiert insgesamt ein Gewinn, sonst ein Verlust. Im Gegensatz zu Aktiven und Passiven halten sich Aufwände und Erträge in der Regel nicht die Waage (keine Bilanz), so dass ein Gewinn oder Verlust resultiert.

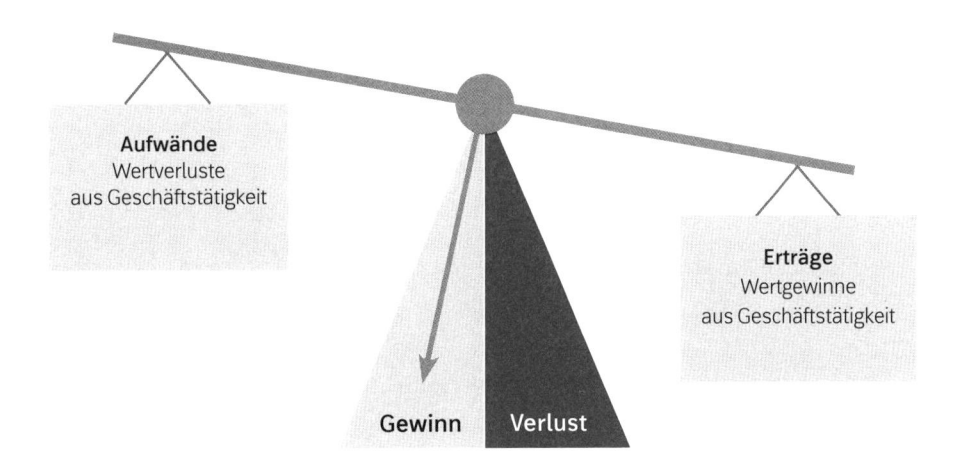

3.3 Erfolgsrechnung

Erfolgsrechnung
Die Erfolgsrechnung ist – wie die Bilanz – eine Abschlussrechnung, die am Ende der Rechnungsperiode (Bsp.: Ende Jahr) erstellt wird. In der Erfolgsrechnung werden die Aufwände (Aufwandskonten) den Erträgen (Ertragskonten) gegenübergestellt, um den Erfolg ermitteln zu können. Der Erfolg wird schliesslich mit dem Eigenkapital der Unternehmung verrechnet oder im Falle eines Gewinns an die Eigentümer ausbezahlt. Erfolgskonten sind daher indirekt als Teile oder Vorstufen des Eigenkapitals zu verstehen.

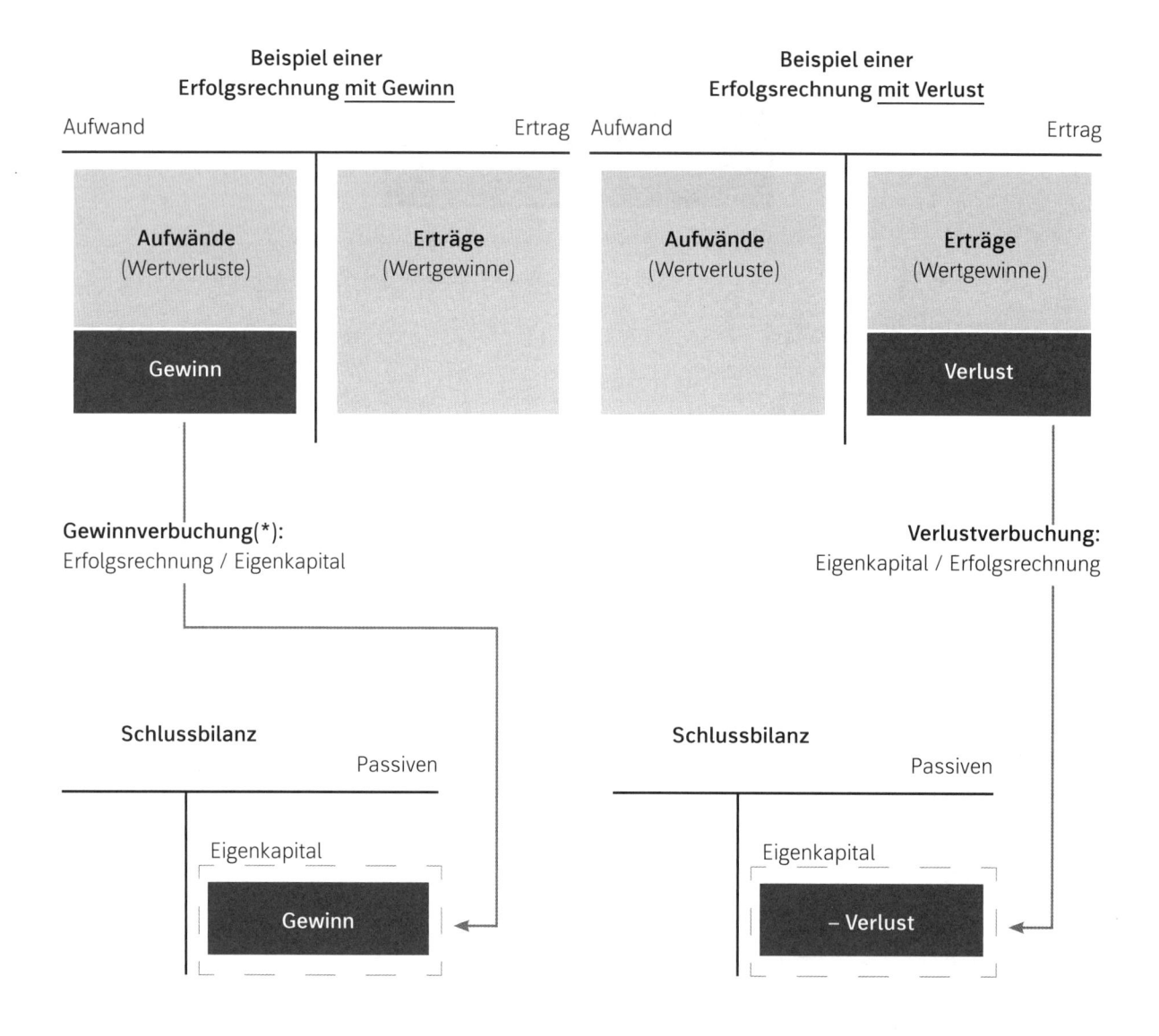

Beispiel einer Erfolgsrechnung mit Gewinn

Aufwand | Ertrag
- Aufwände (Wertverluste)
- Gewinn
- Erträge (Wertgewinne)

Gewinnverbuchung(*):
Erfolgsrechnung / Eigenkapital

Schlussbilanz — Passiven
Eigenkapital: Gewinn

Beispiel einer Erfolgsrechnung mit Verlust

Aufwand | Ertrag
- Aufwände (Wertverluste)
- Erträge (Wertgewinne)
- Verlust

Verlustverbuchung:
Eigenkapital / Erfolgsrechnung

Schlussbilanz — Passiven
Eigenkapital: – Verlust

* Bei Auszahlung an Eigentümer: Erfolgsrechnung / Flüssige Mittel

Beispiel – Erfolgsrechnung der Tauchschule Chris Diermaier
Nachstehend wird die Erfolgsrechnung der Tauchschule Chris Diermaier für den Monat Mai errichtet.

Erfolgsrechnung
Tauchschule Chris Diermaier Mai 20__

Aufwand		Ertrag	
Warenaufwand	1 500	Warenertrag	2 500
Lohnaufwand	4 000	Dienstleistungsertrag	9 000
Raumaufwand	1 500		
Fahrzeugaufwand	500		
Übriger Betriebsaufwand	1 000		
Abschreibungen	1 000		
Gewinn	2 000		
	11 500		11 500

Grundsätze für die Darstellung der Erfolgsrechnung
- Zur Trennung von Aufwand und Ertrag wird ein T-Kreuz verwendet (Darstellung in Kontenform).
- Aufwände sind links, Erträge rechts.
- Die Erfolgsrechnung trägt als Titel die Firma und die Abschlussperiode
  (Bsp.: 2023, oder 01.01. – 31.12.2023), weil sie keinen Stichtag, sondern einen Zeitraum darstellt.
- Aufwände dürfen nicht mit Erträgen verrechnet werden.
- Aufwände und Erträge werden je summiert, um den Erfolg zu ermitteln.

Grundsatz für die Reihenfolge der Erfolgskonten innerhalb der Erfolgsrechnung
Im Vergleich zur Bilanz gibt es bei der Erfolgsrechnung weniger Regeln für die Gliederung der Konten. Die folgende Reihenfolge gilt grundsätzlich:

1. Erfolgskonten, die direkt das Kerngeschäft der Unternehmung erfassen
2. Aufwände oder Erträge, die die für das Kerngeschäft notwendige Infrastruktur verursacht
3. Aufwände oder Erträge, die durch ein Nebengeschäft (kein Bezug zum Kerngeschäft) verursacht werden oder einer anderen zeitlichen Periode zuordenbar sind

3.4 Kontenrahmen KMU für die Erfolgsrechnung

Kontenrahmen KMU für die Erfolgsrechnung (für Unterrichtszwecke angepasst)

4 Aufwand für Material, Waren und Drittleistungen

4000 Materialaufwand (Produktion)
4200 Warenaufwand (Handelswarenaufwand)
4400 Aufwand für bezogene Dienstleistungen

5 Personalaufwand

5000 Lohnaufwand
5070 Sozialversicherungsaufwand
5670 Übriger Personalaufwand

6 Übriger betrieblicher Aufwand, Finanzergebnis

6000 Raumaufwand, Mietaufwand
6100 Unterhalt und Reparaturen
6200 Fahrzeugaufwand
6300 Sachversicherungen, Abgaben, Gebühren
6400 Energie- und Entsorgungsaufwand
6500 Verwaltungs- und Informatikaufwand
6600 Werbeaufwand
6700 Sonstiger betrieblicher Aufwand
6800 Abschreibungen (Wertverlust Anlagevermögen)
6900 Finanzaufwand, Zinsaufwand
6950 Finanzertrag, Zinsertrag

3 Betriebsertrag aus Lieferungen oder Leistungen

3000 Produktionserlös
3080 Bestandesänderung Halb- und Fertigfabrikate
3200 Warenertrag (Handelserlös)
3270 Ertrag Eigenverbrauch
3400 Dienstleistungsertrag
3600 Übriger Betriebsertrag
3800 Verluste aus Forderungen (Debitorenverluste)

7 Betriebliche Nebenerfolge

740 Wertschriften- und Beteiligungserfolg
7400 Wertschriftenertrag
7410 Wertschriftenaufwand
7450 Beteiligungsertrag
7460 Beteiligungsaufwand

750 Liegenschaftenerfolg
7500 Ertrag betriebliche Liegenschaften (Liegenschaftenertrag)
7510 Aufwand betriebliche Liegenschaften (Liegenschaftenaufwand)

8 Betriebsfremder und ausserordentlicher Erfolg

800 Betriebsfremdner Erfolg
8000 Betriebsfremder Aufwand
8100 Betriebsfremder Ertrag

850 Ausserordentlicher Erfolg
8500 Ausserordentlicher Aufwand (inkl. Verluste aus Veräusserung Anlagevermögen)
8510 Ausserordentlicher Ertrag (inkl. Gewinne aus Veräusserung Anlagevermögen)

89 Steuern
8900 Direkte Steuern

9 Abschluss

9200 Jahresgewinn oder Jahresverlust

Erklärung zu den Kontengruppen

Zum jetzigen Zeitpunkt Ihres Studiums in Rechnungswesen müssen Sie noch nicht alle Kontenbezeichnungen sowie deren Zweck in der Praxis im Detail verstehen. Damit Sie aber die Systematik des KMU-Kontenrahmens nachvollziehen können, finden Sie nachstehend die Bezeichnungen der Kontengruppen kurz erklärt.

---

4 Aufwand für Material, Waren und Drittleistungen
Aufwände aus dem Kerngeschäft:
- Eingekaufte Waren, die unverändert weiterverkauft werden (Handel) → Handelswarenaufwand (Warenaufwand)
- Eingekaufte Waren, aus denen ein neues Sachgut produziert wird → Materialaufwand
- Bezahlte Arbeitsleistungen von Dritten, die in das Produkt einfliessen → Aufwand für bezogene Dienstleistungen

5 Personalaufwand
Löhne der Mitarbeiter, durch die Unternehmung bezahlte Sozialversicherungsbeiträge sowie übrige Aufwände für die Mitarbeiter

6 Sonstiger Betriebsaufwand
Allgemeine Aufwände, die die Infrastruktur für das Kerngeschäft verursacht

3 Betriebsertrag aus Lieferungen oder Leistungen
Erträge aus dem Kerngeschäft:
- Arbeitsleistung an Kunden erbracht (Dienstleistung) → Dienstleistungsertrag
- Eingekaufte Waren an Kunden weiterverkauft (Handel) → Warenertrag (Handelserlös)
- Selbstproduzierte Sachgüter an Kunden verkauft (Produktion) → Produktionserlös

7 Betriebliche Nebenerfolge
Aufwände und Erträge aus betrieblichen Nebengeschäften

8 Ausserordentlicher und betriebsfremder Erfolg
Aufwände und Erträge, die nicht der aktuellen Periode zugeordnet werden können oder nicht im Zusammenhang mit dem eigentlichen Betrieb der Unternehmung stehen

---

Typische Erfolgskonten verschiedener Kerngeschäfte

	Aufwand	Ertrag
Warenhandel	Warenaufwand	Warenertrag (Handelserlös)
Produktion, Fabrikation	Materialaufwand	Fabrikate- / Produktionserlös
Dienstleistung	Lohnaufwand bzw. Aufwand Drittleistungen (eingekaufte Dienstleistungen)	Dienstleistungsertrag oder Honorarertrag

3.5 Buchungsregeln für Erfolgskonten

Aufwandskonten haben die gleichen Buchungsregeln wie Aktivkonten. Ertragskonten haben die gleichen Buchungsregeln wie Passivkonten. Die Salden aller Aufwand- und Ertragskonten ergeben den Erfolg, der in der Regel mit dem Eigenkapital in der Bilanz verrechnet wird. Somit werden indirekt auch die Salden aller Erfolgskonten mit dem Eigenkapital verrechnet. **Aus diesem Grund haben Erfolgskonten niemals Anfangsbestände.**

Aufwand X

Soll	Haben
+ Zunahme	− Abnahmen
+ Zunahmen	− Abnahmen
+ usw.	− usw.
	Saldo (S)

Buchung für Saldo:
Erfolgsrechnung / Aufwand X

Ertrag X

Soll	Haben
− Abnahmen	+ Zunahmen
− Abnahmen	+ Zunahmen
− usw.	+ usw.
Saldo (S)	

Buchung für Saldo:
Ertrag X / Erfolgsrechnung

Erfolgsrechnung

Aufwand	Ertrag
Aufwandskonto X	Ertragskonto X
Aufwandskonto Y	Ertragskonto Y
usw.	usw.
Gewinn	

Buchung für Gewinn:
Erfolgsrechnung / Eigenkapital (bei Verlust: Buchung umkehren)

Schlussbilanz

Aktiven	Passiven
	Eigenkapital
	Soll / Haben
	Gewinn

Erfolgsrechnung | 3

Beispiel – Führung des Kontos Fahrzeugaufwand

Nachstehend finden Sie einen Auszug des Kontos Fahrzeugaufwand für den Monat Mai der Tauchschule Chris Diermaier.

Konto 6200 – Fahrzeugaufwand 01.05. – 31.05.

6200 Fahrzeugaufwand

Datum	Text	Gegenkonto	Soll	Haben
01.05.	Barausgaben für Benzin, 90	Kasse	90	
03.05.	Rechnung von Garage für Reparatur, 500	Verbindl. LL	500	
08.05.	Gutschrift auf Rechnung vom 03.05., 100	Verbindl. LL		100
09.05.	Bankbelastung der Versicherungsprämie, 600	Bank	600	
17.05.	Barausgaben für Benzin, 110	Kasse	110	
24.05.	Rechnung an Chris Diermaier für Privatnutzung des Fahrzeugs, 700	Forderung. LL		700
31.05.	Abschluss: Übertrag Saldo in Erfolgsrechnung	Erfolgsrechnung		S 500
			1 300	1 300

Beispiel – Führung des Kontos Dienstleistungsertrag

Nachstehend finden Sie einen Auszug des Kontos Dienstleistungsertrag für den Monat Mai der Tauchschule Chris Diermaier.

Konto 3400 – Dienstleistungsertrag 01.05. – 31.05.

3400 Dienstleistungsertrag

Datum	Text	Gegenkonto	Soll	Haben
03.05.	Rechnung an Kundin Hartenstein für Tauchkurs, 800	Forderung. LL		800
06.05.	Barzahlung von Kunde für Ausrüstungsmiete, 200	Kasse		200
11.05.	Rechnung an Tauchverein für Führung, 2 000	Forderung. LL		2 000
12.05.	Rechnung an Tauchsportgruppe Pfungen für Tauchtour nach Thailand, 7 000	Forderung. LL		7 000
19.05.	50 % Rabatt auf der Rechnung vom 03.05., 400	Forderung. LL	400	
26.05.	Gutschrift auf Rechnung vom 12.05, 600	Forderung. LL	600	
31.05.	Abschluss: Übertrag Saldo in Erfolgsrechnung	Erfolgsrechnung	S 9 000	
			10 000	10 000

3.6 Doppelter Nachweis des Erfolgs

Die Verbuchung eines erfolgswirksamen Geschäftsfalls verändert stets ein Erfolgs- und ein Bilanzkonto zugleich, so dass der Erfolg doppelt, aus der Erfolgsrechnung und aus der Bilanz, ersichtlich ist. Am Periodenende wird die **Schlussbilanz I** erstellt, die den Gewinn als Differenz zwischen Aktiven und Passiven ausweist. In der **Schlussbilanz II** ist der Gewinn bereits im Eigenkapital verbucht.

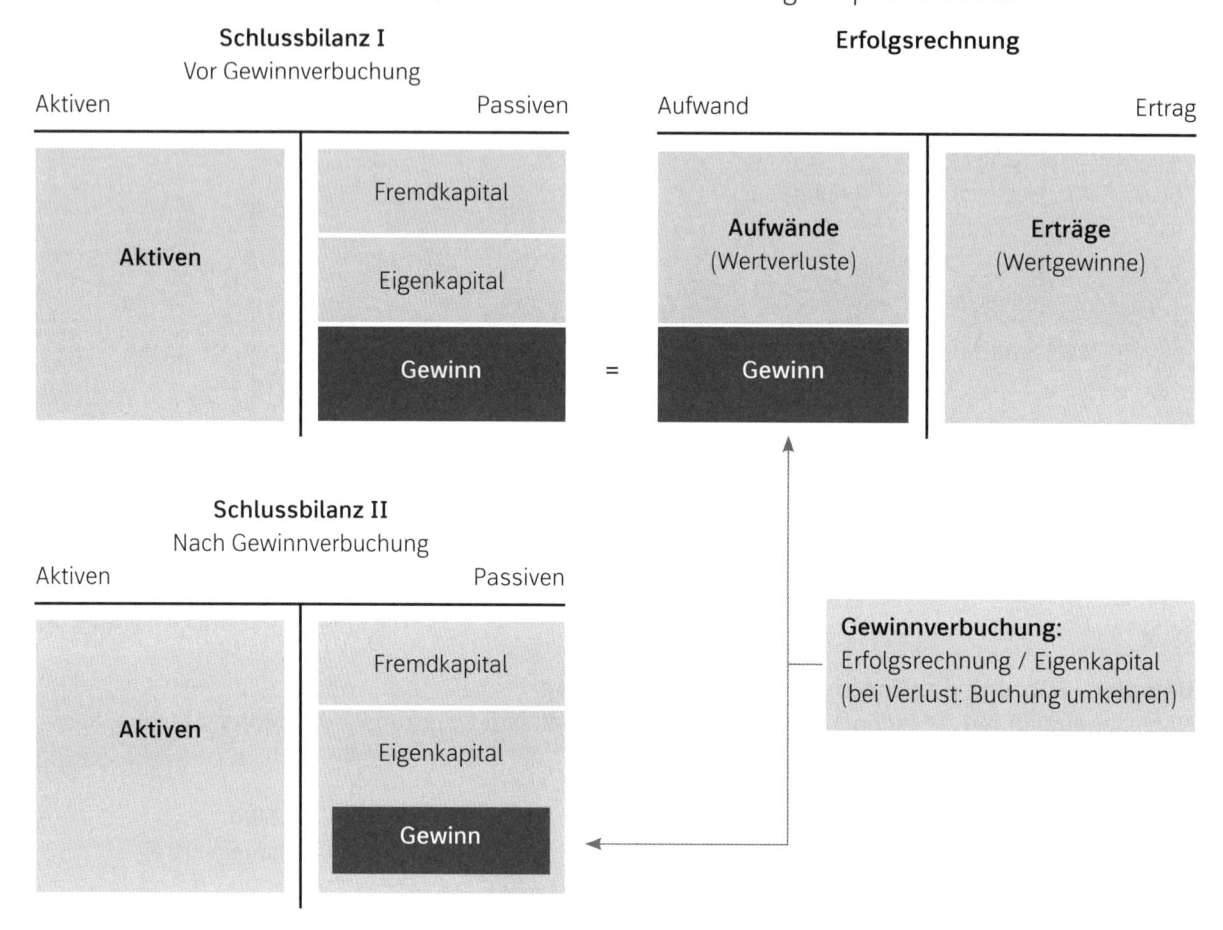

Schlussbilanz I — Vor Gewinnverbuchung

Aktiven	Passiven
Aktiven	Fremdkapital
	Eigenkapital
	Gewinn

Erfolgsrechnung

Aufwand	Ertrag
Aufwände (Wertverluste)	Erträge (Wertgewinne)
Gewinn	

=

Schlussbilanz II — Nach Gewinnverbuchung

Aktiven	Passiven
Aktiven	Fremdkapital
	Eigenkapital
	Gewinn

Gewinnverbuchung: Erfolgsrechnung / Eigenkapital (bei Verlust: Buchung umkehren)

Beispiel – Buchhaltung der Tauchschule Chris Diermaier im Juni mit doppeltem Erfolgsnachweis

Nachfolgend finden Sie erfolgswirksame und erfolgsneutrale Geschäftsfälle der Tauchschule Chris Diermaier sowie deren Verbuchung im Journal. Auf der Folgeseite sind die Eröffnungsbilanz, die Kontenführung (nur Konten mit Bewegungen) sowie der Monatsabschluss aufgeführt.

Datum	Geschäftsfall	Soll	Haben	Betrag
01.06.	Automatische Eröffnungsbuchungen	Diverse Buchungen		
02.06.	Rechnung für Wareneinkauf (Theoriebücher)	Warenaufwand	Verbindl. LL	5
11.06.	Bankzahlung der Kreditorenrechnung (vgl. 02.06.)	Verbindl. LL	Bank	5
13.06.	Rechnungen an Kunden für Schulungsleistungen	Forderungen LL	Dienstleistungsertrag	12
15.06.	Zahlungen von Kunden	Bank	Forderungen LL	13
18.06.	Rechnung an Kunden für die Lieferung von Theoriebüchern	Forderungen LL	Warenertrag	9
25.06.	Bankzahlung der Miete	Raumaufwand	Bank	2
25.06.	Bankzahlung des Monatslohns von Chris Diermaier	Lohnaufwand	Bank	4
30.06.	Wertverlust der Mobilien	Abschreibungen	Mobilien	1
30.06.	Automatische Abschlussbuchungen	Diverse		

Buchungsjournal (in TCHF)

Erfolgsrechnung | 3

Eröffnungsbilanz

Eröffnungsbilanz vom 01.06.

Aktiven		Passiven	
Kasse	1	Verbindl. LL	2
Bank	8	Darlehen	10
Forderungen LL	4	Hypothek	50
Mobilien	23	Eigenkapital	74
Immobilien	100		
	136		136

Kontenführung (Nur Konten mit Bewegungen)

Bank		Forder. LL		Warenaufwand		Lohnaufwand		Warenertrag	
Soll	Haben	Soll	Haben	Soll	Haben	Soll	Haben	Soll	Haben
AB 8	5	AB 4	13	5		4			9
13	2	12							
	4		9						
	SB 10		SB 12		S 5		S 4	S 9	
21	21	25	25	5	5	4	4	9	9

Verbindl. LL		Mobilien		Raumaufwand		Abschreibungen		Dienstleist.-Ertrag	
Soll	Haben	Soll	Haben	Soll	Haben	Soll	Haben	Soll	Haben
5	AB 2	AB 23	1	2		1			12
SB 2	5		SB 22		S 2		S 1	S 12	
7	7	23	23	2	2	1	1	12	12

Monatsabschluss

Schlussbilanz I vom 30.06.
(Vor Gewinnverbuchung)

Aktiven		Passiven	
Kasse	1	Verbindl. LL	2
Bank	10	Darlehen	10
Forder. LL	12	Hypothek	50
Mobilien	22	Eigenkapital	74
Immobilien	100	**Gewinn**	**9**
	145		145

Erfolgsrechnung Juni

Aufwand		Ertrag	
Warenaufwand	5	Warenertrag	9
Lohnaufwand	4	Dienstleist.-	
Raumaufwand	2	Ertrag	12
Abschreibungen	1		
Gewinn	**9**		
	21		21

Gewinnverbuchung:
Erfolgsrechnung / Eigenkapital

Schlussbilanz II vom 30.06.
(Nach Gewinnverbuchung)

Aktiven		Passiven	
Kasse	1	Verbindl. LL	2
Bank	10	Darlehen	10
Forder. LL	12	Hypothek	50
Mobilien	22	**Eigenkapital**	**83**
Immobilien	100		
	145		145

Kontrollfragen

1. Wofür steht der Begriff Erfolg im Rechnungswesen?

2. Aus welchen Gründen ist es sinnvoll, einen Gewinn zu erzielen?

3. Wie erkennt man, ob ein Geschäft erfolgswirksam ist?

4. Was sind Aufwände, was Erträge?

5. Warum werden Aufwände und Erträge nicht direkt im Eigenkapital, sondern in separaten Aufwands- und Ertragskonten gebucht?

6. Wie ist der Erfolg zu berechnen?

7. Wie sind die folgenden drei Erfolgszustände Ende Jahr zu verbuchen?
   a) Gewinn wird mit dem Eigenkapital verrechnet
   b) Verlust wird mit dem Eigenkapital verrechnet
   c) Gewinn wird direkt über die Bank ausbezahlt

8. Welche Bezeichnungen sind als Titel einer Erfolgsrechnung zulässig? Bitte begründen.
   a) Erfolgsrechnung vom 31.12.2023
   b) Erfolgsrechnung 2023
   c) Erfolgsrechnung 01.01. – 31.12.2023

9. Nach welcher Reihenfolge sind Erfolgskonten in der Erfolgsrechnung grundsätzlich zu ordnen?

10. Wodurch unterscheiden sich Warenaufwand und Materialaufwand?

11. Was ist der Unterschied zwischen Dienstleistungsertrag, Warenertrag und Produktionsertrag?

12. Warum ist der Erfolg doppelt – aus der Bilanz und aus der Erfolgsrechnung – ersichtlich?

13. Was ist der Unterschied zwischen Schlussbilanz I und Schlussbilanz II?

Erfolgsrechnung | 3

Notizen

Lösungen zu den Kontrollfragen

1. Erfolg ist ein neutraler Oberbegriff für Gewinn oder Verlust.

2. Gewinne dienen als Entschädigung für die Eigentümer, die der Unternehmung Risikokapital zur Verfügung stellen. Gewinne können auch als Reserven für schlechtere Zeiten zurückbehalten oder wieder investiert werden (Bsp.: für die Entwicklung neuer Produkte oder für die Anschaffung von neuem Anlagevermögen).

3. Ein Geschäft ist erfolgswirksam, wenn es den Wert des Eigenkapitals verändert, ohne dass die Eigentümer neues Eigenkapital einlegen oder ihnen Eigenkapital ausbezahlt bzw. gutgeschrieben wird (Gewinnanteile).

4. Aufwände erfassen Wertverluste aus Geschäftstätigkeit. Erträge erfassen Wertgewinne aus Geschäftstätigkeit.

5. Das Rechnungswesen muss aufzeigen können, welche Geschäftsarten erfolgswirksam waren und damit den Wert des Eigenkapitals verändert haben. Erfolgswirksame Geschäftsfälle werden aus diesem Grund nicht direkt im Konto Eigenkapital, sondern auf separaten Erfolgskonten erfasst. Erfolgskonten geben aufgrund ihrer Bezeichnung Auskunft über die Geschäftsart, welche den Wertgewinn bzw. den Wertverlust des Eigenkapitals verursacht hat. Das Ergebnis aller Erfolgskonten, der Erfolg, wird schliesslich mit dem Eigenkapital verrechnet.

6. Erträge – Aufwände = Erfolg

7. Buchungssätze:
   a) Erfolgsrechnung / Eigenkapital
   b) Eigenkapital / Erfolgsrechnung
   c) Erfolgsrechnung / Bank

8. b und c sind zulässig. Die Erfolgsrechnung betrachtet stets einen Zeitraum und nicht einen Zeitpunkt.

9. Grundsätzlich gilt die folgenden Reihenfolge:
   1. Erfolgskonten, die direkt das Kerngeschäft der Unternehmung erfassen
   2. Aufwände oder Erträge, welche die für das Kerngeschäft notwendige Infrastruktur verursacht
   3. Aufwände oder Erträge, die durch ein Nebengeschäft (kein Bezug zum Kerngeschäft) verursacht werden oder einer anderen zeitlichen Periode zuordenbar sind.

10. Einkäufe von Waren, die unverändert an Kunden weiterverkauft werden, sind im Konto Warenaufwand zu verbuchen (Handel). Einkäufe von Waren, aus welchen ein neues Sachgut produziert wird, sind im Konto Materialaufwand zu verbuchen (Produktion, Fabrikation).

11. Im Konto Dienstleistungsertrag werden an Kunden verkaufte Arbeitsleistungen erfasst. Im Konto Warenertrag werden weiterverkaufte Waren erfasst (Erträge aus Handel). Im Konto Produktionsertrag werden Erlöse aus dem Verkauf von selbstproduzierten Sachgütern gebucht.

12. Die Verbuchung eines erfolgswirksamen Geschäftsfalls verändert stets ein Erfolgs- und ein Bilanzkonto zugleich, so dass der Erfolg doppelt – aus der Erfolgsrechnung und aus der Bilanz – ersichtlich ist.

13. Die Schlussbilanz I wird vor Verbuchung des Erfolgs erstellt und führt den Erfolg lediglich als Differenz zwischen Aktiven und Passiven auf. Die Schlussbilanz II wird nach der Verbuchung des Erfolgs erstellt, so dass der Erfolg in der Regel bereits mit dem Eigenkapital verrechnet oder zu Lasten der liquiden Mittel ausbezahlt worden ist.

Notizen

Notizen

Aufgaben

Aufgaben

Aufgabe 1 (Auswirkungen auf den Erfolg)

Kreuzen Sie an, wie die nachfolgenden Geschäftsfälle den Erfolg einer Unternehmung beeinflussen.

Geschäftsfall	Erfolg		
	+	–	0
Verkauf von Handelswaren auf Kredit			
Verkauf von Mobilien auf Kredit			
Bankzahlung der Monatslöhne			
Zahlungseingang für eine bereits gebuchte Debitorenrechnung			
Wir erhalten Zinsen auf unser Bankkonto gutgeschrieben			
Barbezug ab dem Bankkonto			
Postbelastung für die Rückzahlung eines Darlehens			
Bezahlung der Telefonrechnung			
Eine Maschine hat im letzten Jahr 20 % ihres Werts verloren			
Erhöhung des Eigenkapitals durch Kapitaleinlage des Eigentümers			
Bezahlung der Miete für die Geschäftsräumlichkeiten			
Bezahlung einer bereits gebuchten Lieferantenrechnung			

Aufgabe 2 (Zweck und Wesen von Aufwands- und Ertragskonten)

Stimmt die folgende Aussage?

«Aufwands- und Ertragskonten sind indirekt als Teile des Eigenkapitals zu betrachten».

Begründen Sie Ihre Antwort präzise und mit eigenen Worten.

Erfolgsrechnung | 3

Aufgabe 3 (Bilanz und Erfolgsrechnung)

Erstellen Sie für die folgenden Unternehmungen die Schlussbilanz sowie die Erfolgsrechnung samt korrekter Beschriftung anhand der gegebenen Kontenbestände (in TCHF).

a) Abschluss A. Sandler Schmuckhandel (Jahresabschluss)

> Abschreibungen 7, Bank 15, Zinsloses Darlehen 10, Forderungen LL 10, Eigenkapital 50, Fahrzeugaufwand 11, Fahrzeuge 40, **Gewinn ?,** Kasse 10, Verbindlichkeiten LL 40, Lohnaufwand 120, Mobilien 30, Raumaufwand 32, Vorräte 5, Warenaufwand 600, Warenertrag 780

Erfolgsrechnung

Schlussbilanz

Aufgaben

b) Pizzeria Di Marino (Monatsabschluss September 20___)

Abschreibungen 500, Bank 12 477, Darlehen 8 000, Forderungen LL 145, Dienstleistungsertrag 93 455, **Eigenkapital ?,** Energieaufwand 1 584, Fahrzeugaufwand 450, Fahrzeuge 20 000, **Gewinn ?,** Kasse 2 721, Verbindlichkeiten LL 12 000, Lohnaufwand 36 000, Materialaufwand 18 845, Mobilien 40 000, Raumaufwand 13 456, Übriger Betriebsaufwand 2 520, Vorräte 4 657, Zinsaufwand 100

Erfolgsrechnung

Schlussbilanz

Aufgabe 4 (Verständnis Erfolgsrechnung und Clustering-Methode)

a) Tragen Sie die fehlenden Grössen in die Tabelle ein.

	Schlussbilanz I ohne Erfolg		Erfolgsrechnung		Erfolg
	Aktiven	Passiven	Aufwand	Ertrag	Angeben, ob + oder –
1		54	5	6	+ 1
2	90		63	56	– 7
3	26	23		46	+ 3
4	177	183	56		– 6
5	4	2		12	
6	61		11	12	
7		104	70	63	
8	34	31	51		
9	186			59	– 6
10	14			24	+ 2

b) Verbinden Sie die nachfolgenden Cluster, um die Begriffshierarchie darzustellen (Clustering-Methode).

- Erfolgsrechnung
- Aufwand
- Ertrag
- Jahresabschluss
- Bilanz
- Passiven
- Aktiven

Aufgaben

Aufgabe 5 (Buchungsregeln) ●○○

a) Zeigen Sie die Buchungsregeln für Aktivkonten, Passivkonten, Aufwandskonten und Ertragskonten schematisch auf, indem Sie sich der folgenden Auswahl an Begriffen bedienen:

Anfangsbestand, Schlussbestand, Zunahmen, Abnahmen, Saldo

Soll	Aktivkonto	Haben		Soll	Passivkonto	Haben
Anfangsbestand		Abnahmen				Anfangsbestand
Zunahmen		Saldo (Schlussbestand)		Abnahmen		Zunahmen
				Saldo (Schlussbestand)		

Soll	Aufwandskonto	Haben		Soll	Ertragskonto	Haben
Zunahmen		Abnahmen		Abnahmen		Zunahmen
		Saldo		Saldo		

b) Warum haben Erfolgskonten keine Anfangsbestände? Begründen Sie bitte Ihre Antwort detailliert.

c) Kreuzen Sie die richtigen (R) Aussagen an.

Aussagen	R
Bei den Aufwandkonten gilt immer die Buchungsregel «Soll plus, Haben minus».	
«Soll minus, Haben plus» gilt als Buchungsregel für die Ertragskonten.	
Der Anfangsbestand steht bei einem Ertragskonto immer im Haben.	
Der Saldo eines Kontos am Abschlusstag wird immer auf der kleineren Seite eingetragen.	
Bei einem Aufwandkonto ist die Eröffnung Anfang Jahr stets ins Soll einzutragen.	

Aufgabe 6 (Aufwandskonten führen)

Führen Sie die folgenden Aufwandskonten mit Angabe des jeweiligen Gegenkontos der Buchung.

Konto 4200 – Warenaufwand 01.07. – 31.07.20__

Datum	Text	Gegenkonto
04.07.	Einkauf von Waren auf Kredit, 125	
05.07.	Mängelrabatt von 20 % auf der Rechnung vom 04.07.	
07.07.	Abzug von 2 % Skonto auf der Rechnung vom 04.07.	
09.07.	Einkauf von Waren gegen Barzahlung, 10	
16.07.	Porto für Warentransport (Bezugskosten) bar bezahlt, 1	
31.07.	Abschluss: Übertrag Saldo in Erfolgsrechnung	

4200 Warenaufwand

Soll	Haben

Konto 6700 – Übriger Betriebsaufwand 01.07. – 31.07.20__

Datum	Text	Gegenkonto
02.07.	Kauf von WC-Papier gegen Barzahlung, 200	
06.07.	Rechnung für bezogenes Putzmittel, 150	
09.07.	⅓ des Putzmittels (vgl. 06.07.) wurde für die Fahrzeuge gebraucht	
09.07.	Rechnung für an uns geliefertes Papier, 4 800	
20.07.	20 % Rabatt auf der Rechnung vom 09.07.	
31.07.	Abschluss: Übertrag Saldo in Erfolgsrechnung	

6700 Übriger Betriebsaufwand

Soll	Haben

Aufgaben

Aufgabe 7 (Doppelte Buchhaltung mit Erfolgskonten) ● ○ ○

Bestimmen Sie, wie die folgenden Geschäftsfälle in der Buchhaltung erfasst werden. Nehmen Sie zum systematischen Lösen dieser Aufgabe allenfalls die Buchungsregeln zur Hilfe.

> **Leitfragen**
> - In welchen zwei Konten wird der Geschäftsfall erfasst?
>   (Die Konten können nach beliebiger Reihenfolge genannt werden.)
> - Nimmt das jeweilige Konto zu oder ab? (↑ / ↓)
> - Wird der Betrag im jeweiligen Konto im Soll oder im Haben erfasst? (S / H)
> - Wie lautet der Buchungssatz?

Nr.	Geschäftsfall	Konten	↑	↓	S	H
1	Barbezug ab Bankkonto					
	Buchungssatz:					
2	Einkauf von Handelswaren auf Kredit					
	Buchungssatz:					
3	Verkauf von Handelswaren auf Kredit					
	Buchungssatz:					
4	Kauf von Büromöbeln gegen Barzahlung					
	Buchungssatz:					
5	Kauf von Büromaterial (Büroklammern, Schreibstifte, Papier usw.) auf Rechnung					
	Buchungssatz:					

Notizen

Aufgaben

Aufgabe 8 (Doppelte Buchhaltung mit Erfolgskonten) ●○○

Verbuchen Sie die folgenden Geschäftsfälle, führen Sie die Konten und erstellen Sie den Monatsabschluss.

Datum	Geschäftsfall
01.06.	Automatische Eröffnungsbuchungen (Anfangsbestände)
02.06.	Rechnung für Wareneinkauf, 5
11.06.	Bankzahlung der Kreditorenrechnung (vgl. 02.06.)
13.06.	Rechnungen an Kunden für erbrachte Dienstleistungen, 12
15.06.	Zahlungen von Kunden, 13
18.06.	Rechnung an Kunden für die Lieferung von Waren, 9
25.06.	Bankzahlung der Miete, 2
25.06.	Bankzahlung des Monatslohns, 4
30.06.	Wertverlust der Mobilien, 1
30.06.	Kontenabschlüsse
30.06.	Gewinnverbuchung

Datum	Soll	Haben	Betrag
01.06.	Diverse Buchungen		
02.06.			
11.06.			
13.06.			
15.06.			
18.06.			
25.06.			
25.06.			
30.06.			
30.06.	Diverse Buchungen		
30.06.			

Erfolgsrechnung | 3

Eröffnungsbilanz

Eröffnungsbilanz vom 01.06.20__

Aktiven		Passiven	
Kasse	1	Verbindlichkeiten LL	2
Bank	8	Darlehen	10
Forderungen LL	4	Hypothek	50
Mobilien	23	Eigenkapital	74
Immobilien	100		
	136		136

Kontenführung (Nur Konten mit Bewegungen)

Bank		Forder. LL		Warenaufwand		Lohnaufwand		Warenertrag	
Soll	Haben	Soll	Haben	Soll	Haben	Soll	Haben	Soll	Haben

Verbindl. LL		Mobilien		Raumaufwand		Abschreibungen		Dienstleist.-Ertrag	
Soll	Haben	Soll	Haben	Soll	Haben	Soll	Haben	Soll	Haben

Monatsabschluss

Schlussbilanz I vom 30.06.20__

Aktiven	Passiven
Kasse	Verbindl. LL
Bank	Darlehen
Forderungen LL	Hypothek
Mobilien	Eigenkapital
Immobilien	

Erfolgsrechnung Juni 20__

Aufwand	Ertrag
Warenaufwand	Warenertrag
Lohnaufwand	Dienstleist.-
Raumaufwand	Ertrag
Abschreibungen	

Schlussbilanz II vom 30.06.20__

Aktiven	Passiven
Kasse	Verbindl. LL
Bank	Darlehen
Forderungen LL	Hypothek
Mobilien	
Immobilien	

Aufgaben

Aufgabe 9 (Doppelte Buchhaltung mit Erfolgskonten) ●○○

Verbuchen Sie die folgenden Geschäftsfälle, führen Sie die Konten und erstellen Sie den Monatsabschluss.

Datum	Geschäftsfall
01.06.	Automatische Eröffnungsbuchungen (Anfangsbestände)
04.08.	Bankzahlungen von Kunden, 7
14.08.	Rechnungen an Kunden für die Lieferung von Produkten, 4
15.08.	Lieferantenrechnung für die Reparatur am Geschäftsfahrzeug, 1
16.08.	Einkauf von Handelswaren gegen Rechnung, 4
18.08.	Einkauf von Materialien für die Produktion auf Kredit, 3
26.08.	Bankzahlung von Kreditoren, 13
27.08.	Lieferung von Handelswaren an Kunden auf Kredit, 2
30.08.	Banküberweisung der August-Löhne, 3
30.08.	20 % Wertverlust des Mobiliars (Kann über das Konto Übriger Aufwand erfasst werden)
30.06.	Kontenabschlüsse
30.06.	Gewinnverbuchung

Datum	Soll	Haben	Betrag
03.08.	Diverse Buchungen		
04.08.			
14.08.			
15.08.			
16.08.			
18.08.			
26.08.			
27.08.			
30.08.			
30.08.			
30.08.	Diverse Buchungen		
30.08.			

Erfolgsrechnung | 3

Eröffnungsbilanz

Eröffnungsbilanz vom 01.06.20__

Aktiven		Passiven	
Kasse	7	Verbindlichkeiten LL	10
Bank	13	Darlehen	10
Forderungen LL	10		
Mobilien	20	Eigenkapital	30
	50		50

Kontenführung

Bank		Forder. LL		Warenaufwand		Materialaufwand		Warenertrag	
Soll	Haben	Soll	Haben	Soll	Haben	Soll	Haben	Soll	Haben

Mobilien		Verbindl. LL		Übriger Aufwand		Lohnaufwand		Produktionserlös	
Soll	Haben	Soll	Haben	Soll	Haben	Soll	Haben	Soll	Haben

Monatsabschluss

Schlussbilanz I vom 30.08.20__

Aktiven	Passiven
Kasse	Verbindl. LL
Bank	Darlehen
Forderungen LL	Eigenkapital
Mobilien	Verlust

Erfolgsrechnung August 20__

Aufwand	Ertrag
Warenaufwand	Warenertrag
Materialaufwand	Produktionserlös
Lohnaufwand	
Übr. Aufwand	

Schlussbilanz II vom 30.08.20__

Aktiven	Passiven
Kasse	Verbindl. LL
Bank	Darlehen
Forderungen LL	Eigenkapital
Mobilien	

Aufgaben

Aufgabe 10 (Führung einer vollständigen Buchhaltung)

Heute haben Sie das nachstehende E-Mail erhalten. Können Sie den Job erledigen?

Buchhaltung Hotel Weisshorn

fraenzi.buechi@weisshorn.ch
An mich

📎 Daten.docx 15 KB

Guten Tag

Wie gestern telefonisch besprochen, sende ich Ihnen im Anhang die Angaben, welche Sie für die Nachführung der Buchhaltung des vergangenen Jahres benötigen.

Bitte stellen Sie uns folgende Dokumente zu:
a) Eröffnungsbilanz
b) Buchungen der Geschäftsfälle
c) Schlussbilanz I
d) Erfolgsrechnung
e) Schlussbilanz II

Bei Fragen stehe ich Ihnen gerne zur Verfügung.

Freundliche Grüsse
F. Büchi

Kontenplan Hotel Weisshorn

Aktiven	Passiven	Aufwand	Ertrag
1000 Kasse	2000 Verbindlichkeiten LL	4000 Materialaufwand	3300 Ertrag Küche
1500 Mobilien	2020 Bankschuld	5000 Lohnaufwand	3310 Ertrag Getränke
1600 Immobilien	2800 Eigenkapital	6000 Sonstiger Betriebsaufwand	3320 Ertrag Hotel
Abschluss			
9000 Erfolgsrechnung	9100 Eröffnungsbilanz	9101 Schlussbilanz	

a) Erstellen Sie die Eröffnungsbilanz mit folgenden Bilanzpositionen.

> Salden per 01.01.2016:
> Bankschuld 65 000, Immobilien 449 000, Kasse 1 000, Verbindlichkeiten LL 45 000, Mobilien 150 000

Geben Sie vor der Kontenbezeichnung auch die jeweilige Kontennummer gemäss KMU-Kontenrahmen an.

Aufgaben

b) Verbuchen Sie die folgenden summarischen Geschäftsfälle im Journal und führen Sie die Konten. Geben Sie im Journal jeweils die Kontennummer sowie die Kontenbezeichnung an (Bsp. 1000 Kasse).

Nr.	Geschäftsfälle gemäss Email von Frau Büchi
1	Von unseren Lieferanten bezogen wir Kaffee, Tee und Lebensmittel für insgesamt CHF 62 300 gegen Rechnung.
2	Unsere Hotelgäste leisteten insgesamt folgende Zahlungen: – Barzahlungen für Getränke CHF 101 000 – Barzahlungen für Mahlzeiten CHF 230 000 – Bankzahlungen für Übernachtungen CHF 200 900
3	Tageseinnahmen von insgesamt CHF 230 000 sind am Bankschalter bar einbezahlt worden (Bankbelege vorhanden).
4	Die Nettolöhne von insgesamt CHF 389 000 sind dem Personal per Bank überwiesen worden.
5	Die Abschreibung auf dem Mobiliar von CHF 10 000 ist über den Sonstigen Betriebsaufwand zu verbuchen.
6	Die übrigen bar bezahlten Betriebsaufwendungen beliefen sich auf insgesamt CHF 88 000.
7	Der Erfolg ist mit dem Eigenkapital zu verrechnen.

Nr.	Soll	Haben	Betrag

Kontenführung

| Soll | 1000 Kasse | Haben | | Soll | 2000 Verbindl. LL | Haben |

| Soll | 1500 Mobilien | Haben | | Soll | 2020 Bankschuld | Haben |

| Soll | 1600 Immobilien | Haben | | Soll | 2800 Eigenkapital | Haben |

| Soll | 4000 Materialaufwand | Haben | | Soll | 3300 Ertrag Küche | Haben |

Aufgaben

| Soll | 5000 Lohnaufwand | Haben | | Soll | 3310 Ertrag Getränke | Haben |

| Soll | 6000 Sonstiger Betriebsaufwand | Haben | | Soll | 3320 Ertrag Hotel | Haben |

c) Schlussbilanz I:

d) Erfolgsrechnung:

e) Schlussbilanz II:

Aufgaben

Aufgabe 11 (Unterschied Investitionen und Verbrauch) ●○○

Die Eltec AG handelt mit Smartphones und dazu passendem Zubehör. Nachstehend finden Sie den Kontenplan der Eltec AG.

Aktiven	Passiven	Aufwand	Ertrag
Kasse	Verbindlichkeiten LL	Warenaufwand	Warenertrag
Bank	Darlehen	Lohnaufwand	
Forderungen LL	Eigenkapital	Raumaufwand	
Warenbestand		Übriger Aufwand	
Mobilien		Abschreibungen	
Fahrzeuge			

Nennen Sie die Buchungssätze zu den nachfolgenden Geschäftsfällen.

Nr.	Geschäftsfall
1	Kauf von Waren auf Kredit, 10 000
2	Verkauf von Waren auf Kredit, 14 000
3	Verbuchung des Bankauszugs: Zahlungseingänge von Kunden CHF 8 000, Belastungen für die Zahlung von Lieferantenrechnungen CHF 6 000
4	Barzahlung für die Winterreifen unseres Fahrzeugs CHF 1 000
5	Kauf eines Navigationsgeräts für unser Fahrzeug auf Rechnung, CHF 2 000. Das Gerät wird fest eingebaut.
6	Kauf eines Computers gegen Barzahlung, CHF 2 000
7	Kauf von Toner für unseren Drucker auf Kredit, CHF 400
8	Banküberweisung der Monatslöhne: CHF 48 000
9	Das Mobiliar hat in der vergangenen Periode um CHF 10 000 an Wert verloren.

Nr.	Soll	Haben	Betrag
1			
2			
3			
4			
5			
6			
7			
8			
9			

Notizen

Aufgaben

Aufgabe 12 (Unterschied Handel und Produktion) ●○○

Die Bäckerei Bamert produziert Brotbackwaren aller Art. Pralinen werden dagegen nicht selber hergestellt, sondern von einem Lieferanten fixfertig zugekauft. Nachstehend finden Sie den Kontenplan der Bäckerei Bamert.

Aktiven	Passiven	Aufwand	Ertrag
Kasse	Verbindlichkeiten LL	Materialaufwand	Produktionserlös
Bank	Eigenkapital	Warenaufwand	Warenertrag
Forderungen LL		Lohnaufwand	Zinsertrag
Warenbestand		Raumaufwand	
Darlehen		Übriger Aufwand	
Mobilien			
Maschinen			

Nennen Sie die Buchungssätze zu den folgenden Geschäftsfällen.

Nr.	Geschäftsfall
1	**Lieferantenrechnung von Top CC:** <table><tr><td>Weissmehl</td><td>200</td></tr><tr><td>Salz</td><td>20</td></tr><tr><td>Eier</td><td>120</td></tr><tr><td>Zucker</td><td>20</td></tr><tr><td>Butter</td><td>50</td></tr><tr><td>**Total**</td><td>**410**</td></tr></table>
2	Rechnung der Grossbäckerei Hasler für die Lieferung von Pralinen, CHF 1 350.
3	Ein Teil der Pralinen war zerdrückt. Lieferant Hasler gewährt uns dafür einen Rabatt von 10 %. Den Restbetrag begleichen wir durch Banküberweisung.
4	Die Auslesung der Registrierkasse ergibt folgende Einnahmen: <table><tr><td>Code</td><td>Bezeichnung</td><td>Totalbetrag</td></tr><tr><td>1</td><td>Brotbackwaren</td><td>1 500</td></tr><tr><td>2</td><td>Pralinen</td><td>300</td></tr><tr><td></td><td>**Total bar**</td><td>**1 800**</td></tr></table>
5	Kauf eines neuen Teigrührwerks für CHF 3 000 auf Kredit.
6	Kauf von Backpapier im Grossformat CHF 120 gegen Barzahlung.
7	Barkauf von Schmieröl für das Getriebe des neuen Teigrührwerks, CHF 20.
8	**Bankauszug:** <table><tr><td></td><td>Gutschriften</td><td>Belastungen</td></tr><tr><td>Lohnlauf per DTA*</td><td></td><td>14 000</td></tr><tr><td>Autom. Zahlungsauftrag «Miete»</td><td></td><td>8 000</td></tr><tr><td>Autom. Zahlungsauftrag «Darlehen Rückzahlung»</td><td>1 000</td><td></td></tr><tr><td>Autom. Zahlungsauftrag «Darlehen Zinsen»</td><td>500</td><td></td></tr></table> *Datenträgeraustauschverfahren für Online-Banking
9	Tatsächlich wurde das Backpapier (vgl. 6) auf Rechnung gekauft. Die Buchung von Geschäftsfall Nr. 6 ist zu stornieren und neu zu erfassen.

Buchungsjournal

Nr.	Soll	Haben	Betrag
1			
2			
3			
4			
5			
6			
7			
8			
9			

Aufgaben

Aufgabe 13 (Warenhandel)

Die Nutrade AG handelt mit exotischen Früchten. Nachstehend finden Sie den Kontenplan der Nutrade AG.

Aktiven	Passiven	Aufwand	Ertrag
Kasse	Verbindlichkeiten LL	Warenaufwand	Warenertrag
Bank	Darlehen	Lohnaufwand	
Forderungen LL	Eigenkapital	Raumaufwand	
Handelswaren		Übriger Aufwand	
Mobilien		Abschreibungen	
Fahrzeuge			

Nennen Sie die Buchungssätze zu den folgenden Geschäftsfällen.

Nr.	Geschäftsfall
1	Kauf von Handelswaren auf Rechnung bei der Passionata Ltd., CHF 9 700.
2	Die Transportkosten für den Wareneinkauf werden bar bezahlt, CHF 560.
3	Die Rechnung der Passionata Ltd (vgl. 1) wird nach Abzug von 2 % Skonto über die Bank bezahlt.
4	Verkauf von 500 kg Passionsfrüchten an die MIGROS auf Rechnung, CHF 8 500.
5	Wir bezahlen die Transportkosten von CHF 380 für die Auslieferung der Passionsfrüchte (vgl. 4.) bar und stellen sie der MIGROS in Rechnung.
6	MIGROS hat bei der Entgegennahme der Passionsfrüchte festgestellt, dass rund 10 % der Ladung Transportschäden aufweisen. Wir stellen der MIGROS eine entsprechende Gutschrift aus.
7	Die MIGROS bezahlt den gesamten Ausstand nach Abzug von 2 % Skonto auf unser Bankkonto.
8	Die Transportunternehmung erstellt uns eine Gutschrift für den entstandenen Schaden, die wir bei der nächsten Rechnung in Abzug bringen dürfen.

Nr.	Soll	Haben	Betrag

Erfolgsrechnung | 3

Aufgabe 14 (Dienstleistung; Geschäftsfälle eines Interkontinentalfluges verbuchen)   ●●○

Am vergangenen Samstag startete der Airbus A-340 der Swiss um 22:45 Uhr seinen rund elfstündigen Flug nach Bangkok, Thailand. Führen Sie die Buchhaltung für die Flüge Zürich – Bangkok (LX 180) und Bangkok – Zürich (LX 181), wobei der nachfolgende Kontenplan anzuwenden ist.

Aktiven	Passiven	Aufwand	Ertrag
1000 Kasse	2000 Verbindlichkeiten LL	5000 Lohnaufwand	3000 Ticketertrag
1010 Post	2400 Darlehen	6000 Raumaufwand	3100 Frachtertrag
1020 Bank	2800 Aktienkapital	6200 Fahrzeugaufwand	
1100 Forderungen LL	2900 Reserven	6300 Versicherungsaufwand	
1510 Mobilien		6400 Energieaufwand	
1520 Flugzeuge		6500 Verwaltungsaufwand	
		6600 Werbeaufwand	
		6700 Übriger Betriebsaufwand	
		6800 Zinsaufwand	
		6900 Abschreibungen	

Nennen Sie die Buchungssätze zu den nachfolgenden Geschäftsfällen aus Sicht der Swiss, die sich aufgrund der beiden Flüge ergeben haben.

Nr.	Geschäftsfall
1	Für den Flug ZRH Zürich – BKK Bangkok und zurück wurden für CHF 540 450 Tickets verkauft und direkt auf unser Konto bei PostFinance überwiesen.
2	Für die zu befördernde Luftpost erhalten wir eine Bankgutschrift von CHF 9 477.
3	Die Überweisung der Saläre für die Piloten und die Cabin Crew durch die Bank beläuft sich auf insgesamt CHF 36 035.
4	Die Kerosinrechnung beträgt CHF 218 868.
5	Auf dem Airbus A-340 ist eine Abschreibung von CHF 100 000 vorzunehmen.
6	Für die Versicherung des Flugzeugs überweisen wir der Versicherungsgesellschaft die Prämie von CHF 12 800 durch PostFinance.
7	Die restlichen Aufwendungen inkl. Überflug-, Lande- und Andockgebühren kommen auf insgesamt CHF 172 879 zu stehen und werden sofort durch die Bank beglichen.
8	Auf dem Rückflug nehmen wir im Auftrag eines Zoos den Jungelefanten Chamburi mit und stellen dem Zoo dafür die Transportkosten von CHF 1 766 in Rechnung.

Nr.	Soll	Haben	Betrag
1			
2			
3			
4			
5			
6			
7			
8			

www.klv.ch

Aufgaben

Aufgabe 15 (Geschäftsfälle eines Eishockey-Clubs verbuchen, mit Stornobuchung) ●●○

Verbuchen Sie die Geschäftsfälle dieses Nationalliga A Eishockey-Clubs. Geben Sie bitte stets die Kontennummer sowie die Kontenbezeichnung gemäss dem nachfolgenden Kontenplan an.

Aktiven	Passiven	Aufwand	Ertrag
1000 Kasse	2000 Verbindl. LL	4000 Materialaufwand	3000 Ticketertrag
1010 Post	2400 Darlehen	5000 Lohnaufwand	3400 Dienstleistungsertrag
1020 Bank	2800 Aktienkapital	6000 Mietaufwand	3500 Übriger Betriebsertrag
1100 Forderungen LL	2900 Reserven	6200 Fahrzeugaufwand	
1200 Vorräte		6300 Versicherungsaufwand	
1500 Mobilien		6400 Energieaufwand	
		6500 Verwaltungsaufwand	
		6600 Werbeaufwand	
		6700 Übriger Betriebsaufwand	
		6800 Zinsaufwand	
		6900 Abschreibungen	

Nr.	Geschäftsfall
1	Von der Bank erhalten wir die Gutschrift für den Ticketverkauf: 6700 Stehplätze zu CHF 25 und 400 Sitzplätze zu CHF 45.
2	Vom Sportgeschäft Stierli trifft die Rechnung ein für gelieferte Eishockeystöcke KURHU 315, rechtshändige, Made in Finland, im Betrag von CHF 2160 die den Spielern für heute Abend abgegeben werden.
3	Der SHIFENG-Autoimporteur darf in den beiden Pausen mit einem roten Sportwagen auf das Eis fahren und überweist uns dafür CHF 14000 für jede Pause durch PostFinance.
4	Unserem Chef Security, Sascha Gloor, und seinen 16 Sicherheitsleuten, überweisen wir die Lohnsumme von CHF 2840 durch die Bank.
5	Barverkauf von 100 Fan-Leibchen des Captains, 40 des Keepers und 60 der übrigen Spieler für jeweils CHF 80.
6	Das Fernsehen überweist uns für die Übertragungsrechte CHF 80000 durch PostFinance.
7	Die Stromrechnung für die Kühlaggregate im Betrag von CHF 550 ist bereits früher wie folgt verbucht worden: «Forderungen LL / Übriger Betriebsaufwand 550». Überprüfen Sie die Buchung und nehmen Sie eine allfällige Korrektur mit Hilfe einer Stornobuchung und einer Neubuchung vor. Schreiben Sie im andern Fall: «Keine Buchung.»
8	Dank eines perfekten Assists schiesst unser Captain in der letzten Minute den Führungstreffer. Die ganze Nacht über wird der Pokal gefeiert. Der Hauptsponsor überweist uns die vertraglich abgemachte Siegesprämie von CHF 125000 auf unser Bankkonto.

Erfolgsrechnung | 3

Nr.	Soll	Haben	Betrag
1			
2			
3			
4			
5			
6			
7			
8			

Aufgaben

Aufgabe 16 (Konto interpretieren nach Datencrash)   •••

Die Denitrate AG handelt mit Wasserfilteranlagen. Sie betreibt im Rechnungswesen eine Software für die Erstellung sowie das Inkasso der Debitorenrechnungen. Diese Software ist über eine automatisierte Schnittstelle mit dem Hauptbuchhaltungsprogramm verbunden. Durch eine ausserordentliche Fehlfunktion dieser Schnittstelle gingen eines Tages sämtliche Buchungstexte und Belegnummern der Buchungen verloren.

Der Tagesauszug des Kontos Warenertrag sieht nun wie folgt aus (+ steht für eine Sollbuchung, – steht für eine Habenbuchung, da Erträge in vielen Buchhaltungsprogrammen als Minuswerte ausgewiesen werden):

3200 – Warenertrag

Nr.	Buchungsdatum	Belegdatum	Belegnummer	Gegenkonto	Periode	Text	Betrag
658	22.12.2016	06.12.2016	error!	1100	11/16	error!	–1 518
659	22.12.2016	21.11.2016	error!	1010	11/16	error!	–1 768
660	22.12.2016	21.11.2016	error!	1100	11/16	error!	+233
661	22.12.2016	15.12.2016	error!	1500	12/16	error!	–1 450

Die Denitrate AG verwendet den folgenden Kontenplan:

Aktiven	Passiven	Aufwand	Ertrag
1000 Kasse	2000 Verbindl. LL	4200 Warenaufwand	3200 Warenertrag
1010 Post	2020 Bank	5000 Personalaufwand	3300 Zinsertrag
1100 Forderungen LL	2100 Darlehen	6000 Mietaufwand	3400 Übriger Betriebsertrag
1200 Vorräte	2800 Eigenkapital	6200 Zinsaufwand	
1500 Mobilien		6300 Abschreibungen	
		6400 Übriger Betriebsaufwand	

Versuchen Sie herauszufinden, aufgrund welcher Geschäftsfälle die Buchungen im Konto Warenertrag erfolgten, damit sie die entsprechenden Belege zuordnen können. Geben Sie einen möglichen Buchungstext für jede Buchung an.

Nr.	Buchungstext
658	
659	
660	
661	

Erfolgsrechnung | 3

Aufgabe 17 (Vollständige Buchhaltung)

Sie arbeiten in einem Treuhandbüro und führen für das Café Crap Sogn Gion, Laax, das Journal mit Datum, Buchungssatz und Betrag. Erstellen Sie anschliessend das Hauptbuch mit den Konten sowie die Erfolgsrechnung und die Schlussbilanzen I und II.

Kontenplan des Cafés Crap Sogn Gion.

Aktiven	Passiven	Aufwand	Ertrag
1000 Kasse	2000 Verbindl. LL	4000 Materialaufwand	3100 Dienstleistungsertrag
1010 Post	2800 Eigenkapital	5000 Lohnaufwand	3500 Übriger Betriebsertrag
1020 Bank		6000 Mietaufwand	
1500 Mobilien		6400 Energieaufwand	
		6500 Verwaltungsaufwand	
		6600 Werbeaufwand	
		6700 Übriger Betriebsaufwand	
		6900 Abschreibungen	
Abschluss			
9000 Erfolgsrechnung	9100 Eröffnungsbilanz	9101 Schlussbilanz	

Posten der Eröffnungsbilanz:

Kasse 19, Post 15 600, Bank 13 181, Mobilien 21 200, Verbindlichkeiten LL 0, **Eigenkapital?**

a) Verbuchen Sie die folgenden Geschäftsfälle mit Hilfe der Kontennummern im Journal auf der nachfolgenden Seite (Bitte immer Kontennummern und Kontenbezeichnungen im Buchungssatz angeben).

Datum	Geschäftsfall
04.01.	Die Miete für den Monat Januar im Betrag von CHF 2 800 überweisen wir durch die Raiffeisenbank Laax.
12.01.	Folgende ESR-Einzahlungsscheine zahlen wir am Postschalter bar ein; es ist bisher noch nichts gebucht worden. Terra Grischuna, Chur, Inserat für Langlaufbrunch CHF 380 Radio Grischa, Disentis, Sendezeit für deutsche Feriengäste: «Wenn, dann schon – ins Crap Sogn Gion!» CHF 79
15.01.	Dario Cathomas liefert uns mit dem Pferdeschlitten Birkenholz für das Cheminée für CHF 220 gegen Barzahlung.
18.01.	Folgende Rechnungen treffen ein: Gebrüder Schwarz, Obersaxen, Kaminfeger CHF 88 Treuhandbüro Piz Linard, Zernez, Buchführung CHF 216
25.01.	Annemietze Muxeneder, unserer Serviertochter aus Sachsen, überweisen wir den Zahltag von netto CHF 2 900 durch PostFinance. Frau Cadisch, die Inhaberin, erhält netto CHF 2 800 durch PostFinance.
28.01.	Die Monatsrechnung der Furnaria Caflisch, Falera, für gelieferte Gipfeli und Nusstorten beläuft sich auf CHF 2 790.
29.01.	Auf dem Mobiliar ist eine Abschreibung von CHF 200 vorzunehmen.
30.01.	Der Konsumationserlös gemäss Monatsrapport der Registrierkasse beträgt CHF 18 374.
31.01.	Am Schalter der Raiffeisenbank zahlen wir fünfzehn Tausender- und zehn Zweihunderternoten ein.
31.01.	Der Erfolg ist mit dem Eigenkapital zu verrechnen.

Aufgaben

Journal

Datum	Soll	Haben	Betrag

Kontenführung

| Soll 1000 Kasse Haben | Soll 2000 Verbindl. LL Haben |

| Soll 1010 Post Haben | Soll 2800 Eigenkapital Haben |

| Soll 1020 Bank Haben | Soll 1500 Mobilien Haben |

| Soll 4000 Materialaufwand Haben | Soll 3000 Dienstleistungsertrag Haben |

Aufgaben

| Soll | 5000 Lohnaufwand | Haben | | Soll | 3100 Übriger Betriebsertrag | Haben |

| Soll | 6000 Mietaufwand | Haben | | Soll | 6400 Energieaufwand | Haben |

| Soll | 6500 Verwaltungsaufwand | Haben | | Soll | 6600 Werbeaufwand | Haben |

| Soll | 6700 Übriger Betriebsaufwand | Haben | | Soll | 6900 Abschreibungen | Haben |

b) Schlussbilanz I

c) Erfolgsrechnung

d) Schlussbilanz II

e) Wie konnten am 12. Januar Zahlungen vorgenommen werden, wenn die Kasse doch so gut wie leer war?

Erfolgsrechnung | 3

Aufgabe 18 (Repetition: Debitoren- und Kreditorenkonto führen)   ●●○

Führen Sie für den Ponyhof von Toni Aufdenblatten, Kühmad, die beiden Konten Verbindlichkeiten LL und Forderungen LL in Kleinformat (T-Konten).

Datum	Geschäftsfall
01.09.	Anfangsbestand Forderungen LL CHF 1 055, Anfangsbestand Verbindl. LL CHF 1 755.
05.09.	Vom Lötschentaler Boten erhalten wir die Rechnung für unser Inserat im Betrag von CHF 150.
06.09.	Der Reitschule Cholibuck AG in Rossau stellen wir für die Durchführung des Ferienlagers auf der Fafleralp Rechnung im Betrag von CHF 899.
09.09.	Von Pankraz Inderbinen, Ausserberg, erhalten wir die Rechnung für Heu und Stroh im Betrag von CHF 175.
14.09.	Durch PostFinance bezahlen wir der Mühle Walpen in Steg die Rechnung von CHF 1 755 für die Lieferung von Tierfutter.
15.09.	Von der Alpinen Pferdeklinik, Madulain, erhalten wir für unser Falabella-Zwergpony Bariloche die nachfolgende Rechnung: Tierärztliche Behandlung CHF 395 Pensionsaufenthalt, 6 Tage zu 150 CHF 900 **Total** **CHF 1 295**
20.09.	Monatsrechnung ans Hotel Gletscherfirn, Ried, für die Aktion «Ponyreiten für Kinder» im Betrag von CHF 690.
24.09.	Von der Schreinerei Brantschen lassen wir entlang des Saumpfads einen neuen Holzzaun bauen. Die Rechnung beläuft sich auf CHF 900.
30.09.	Die Gletscherbach-Hütte begleicht den ausstehenden Betrag der Rechnung für Ponytrekking im Betrag von CHF 1 055 durch die Walliser Kantonalbank.
30.09.	Abschluss der Konten.

Kontenführung

Soll	Forderungen LL	Haben		Soll	Verbindlichkeiten LL	Haben

Aufgaben

Aufgabe 19 (Geschäftsfälle des Getränkemarkts Brantschen)

Verbuchen Sie die Geschäftsfälle des Getränkemarkts Brantschen. Geben Sie nur die Kontennummern im Journal ein.

Aktiven	Passiven	Aufwand	Ertrag
1000 Kasse	2000 Verbindl. LL	4200 Getränkeeinkauf	3200 Verkaufsertrag
1010 Post	2020 Bank	5000 Personalaufwand	3300 Zinsertrag
1100 Forderungen LL	2100 Darlehen	6000 Mietaufwand	3400 Übriger Betriebsertrag
1200 Vorräte	2800 Eigenkapital	6100 Werbeaufwand	
1400 Lagereinrichtung		6200 Zinsaufwand	
1500 Ladeneinrichtung		6300 Abschreibungen	
1600 Mobilien		6400 Übriger Betriebsaufwand	

Nr.	Geschäftsfall
1	Die Bank sendet uns den Kontokorrentauszug. Der Zins beläuft sich auf CHF 515.55.
2	Unser grösster Kunde, der benachbarte Hotelier, den wir auf Kredit beliefern, holte die Getränke immer selber bei uns ab. Dafür schreiben wir ihm total CHF 900.00 Abholvergütung gut.
3	Die Abschreibung auf der Lagereinrichtung wurde statt mit CHF 4 200.00 irrtümlich der Ladeneinrichtung mit CHF 3 200.00 belastet.
4	An eine Anzahl möglicher Kunden verschicken wir Geschenkpackungen. Dafür haben wir unserem Sortiment frisch angelieferte Power Drinks «Di schwarza Chiä» (Die schwarzen Kühe; Kampfkühe) im Einkaufswert von CHF 1 100.00 entnommen. Auf der Post zahlen wir CHF 180.00 bar für Porto.
5	Schreiner Indergand, dem wir auf das Geschäftsjubiläum Getränke im Wert von CHF 800.00 gegen Rechnung geliefert haben, kann nicht bezahlen, weil seine Frau sich von ihm scheiden liess. Nun bittet er uns, von ihm neue Büromöbel im gleichen Wert anzunehmen. Wir sind einverstanden.
6	Wir bezahlen den Sponsoringbeitrag von CHF 500.00 durch die Post.
7	Am Grümpelturnier verkaufen wir Getränke für insgesamt CHF 5 522.25 gegen bar.

Erfolgsrechnung | 3

Nr.	Soll	Haben	Betrag

Aufgaben

Aufgabe 20 (Schnittstelle Betriebswirtschaft: Marketingmix) ●●●

Das Festival Brütten ist ein musikalischer Anlass, an dem überwiegend Rock-, Pop-, Blues- und Folkbands auftreten (www.festival-bruetten.ch). Das Festival Brütten ist aus dem ehemaligen Open-Air Brütten hervorgegangen und musikalische Grössen, wie «Gotthard», «Krokus», «Polo Hofer», «Lovebugs», «Candy Dulfer», «Züri West», «Patent Ochsner», «Marc Sway», «Myron» und viele mehr, prägten die Geschichte des Anlasses. Restaurant-, Bar-, Publikums- und Bühnenbereich sind komplett in einem Grosszelt untergebracht, so dass der Anlass unabhängiger vom Wetter ist.

Nachstehend finden Sie die Erfolgsrechnung 20__ des Festivals Brütten.

Erfolgsrechnung Festival Brütten 20__

Aufwand		Ertrag	
Eintrittskassen	758.30	Einnahmen Eintritte	57 497.72
Musik	74 341.85	Einnahmen Festwirtschaft	47 902.05
Festwirtschaft	38 761.28	Einnahmen Bogenbar	23 648.90
Bar	420.15	Einnahmen Outdoor Bar	518.10
Bau	18 658.75	Einnahmen Bühnenbar	2 879.00
Sicherheit	1 120.50	Einnahmen Backstage	642.85
Helfer	2 179.80	Einnahmen Stände	200.00
Helferfest	5 768.95	Einnahmen Parkplätze	1 156.60
Werbung	10 511.65	Einnahmen T-Shirt Verkauf	2 296.00
Homepage	934.45	Einnahmen Helferfest	312.30
T-Shirt Aufwand	3 787.50	Sponsoring	52 900.00
Büromaterial	125.80	Zinsen	143.35
Diverses	686.65		
Gebühren	510.45		
Ausserordentlicher Aufwand	1 612.70		
Reingewinn	29 918.09		
	190 096.87		190 096.87

Für die Entwicklung eines neuen Marketingkonzepts stellen sich verschiedene Fragen, die auch unter Beachtung der Finanzen zu beantworten sind.

a) Zeigen Sie auf, wie die neuen Massnahmen sich auf die Bilanz und/oder die Erfolgsrechnung auswirken und welchen Kategorien von Absatzmassnahmen (4 P's) sie sich zuordnen lassen.

	Neue Absatzmassnahmen	Marketingmix (Bitte Ankreuzen)				Welches Erfolgskonto verändert sich?
		Product	Place	Price	Promotion	Bitte angeben, ob + oder –
1	Externe Programmierung eines Formulars auf der Website als zusätzlicher Kundendienst					
2	Für Jugendliche zwischen 12 und 16 Jahren gibt es neu 20% Rabatt auf dem Eintrittsticket					
3	Auf Radio Zürisee soll zwei Wochen vor dem Festival täglich ein Werbespot ausgestrahlt werden.					
4	Der Online-Vorverkauf soll neu über Starticket erfolgen, was uns eine Gebühr pro Ticket kostet.					

b) Während einer Sitzung des Organisationskomitees stellt sich die Frage, wie viele zusätzliche Besucher dank zusätzlichen Werbemassnahmen gewonnen werden können. Konkret wäre es spannend zu wissen, wie viel jeder zusätzliche Besucher in der Vergangenheit an Werbeausgaben gekostet hat. Suchen Sie anhand der folgenden tatsächlichen Zahlen eine Möglichkeit zur Beantwortung dieser Frage.

Anlass	Werbeausgaben	Besucher
Festival 2007	5 202.72	1 144
Festival 2009	10 511.65	1 518

c) Wie viel wurde pro Besucher 20__ zusätzlich im Festwirtschafts- und Barbetrieb des Festivals netto verdient (Einnahmen abzüglich Ausgaben)?

Aufgaben

d) Untersuchen Sie in einem Feedback-Diagramm, wie sich eine Erhöhung der Werbeausgaben auf die verschiedenen Positionen der Erfolgsrechnung auswirkt, in dem Sie die Pfeilverbindungen mit + (führt zu mehr …) oder – (führt zu weniger …) bezeichnen.

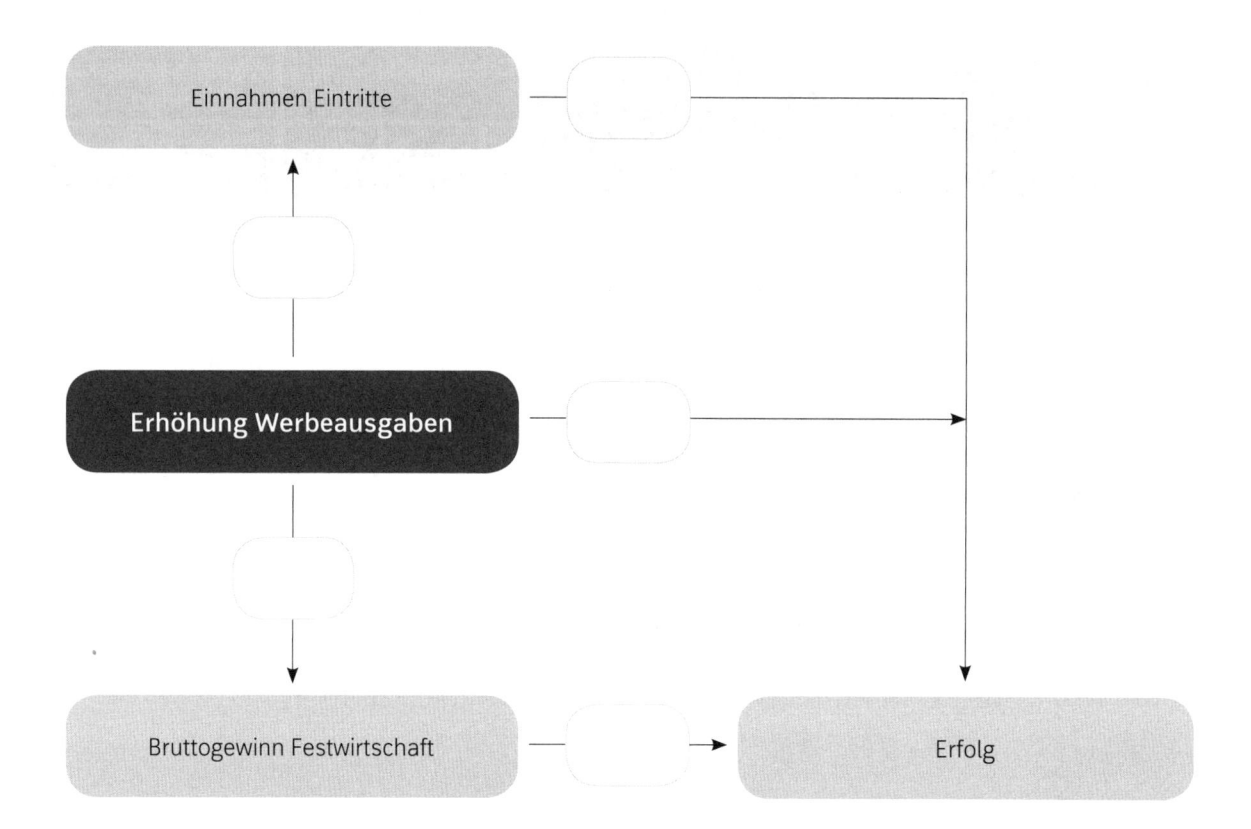

```
        Einnahmen Eintritte
                ▲
                │
              [   ]
                │
                │
     ┌─────────────────────┐
     │ Erhöhung Werbeausgaben │ ──[ ]──────────────────┐
     └─────────────────────┘                           │
                │                                      │
              [   ]                                    ▼
                │                                   ┌────────┐
                ▼                                   │ Erfolg │
     Bruttogewinn Festwirtschaft ──[ ]──▶           └────────┘
```

Notizen

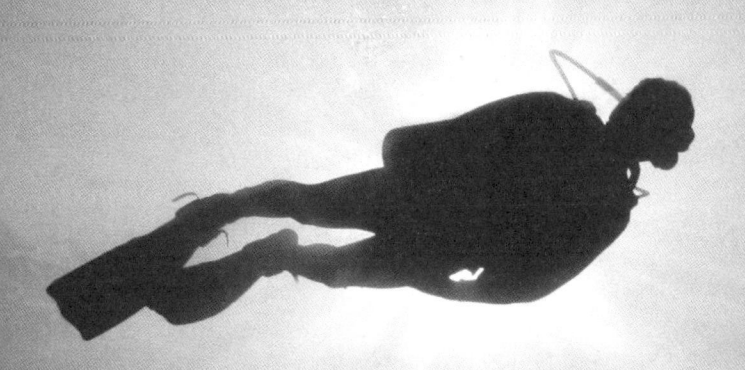

Zinsen

Kapitel 4

4.1 Zinsdifferenzgeschäft von Banken
4.2 Zinsrechnen mit Dreisatz
4.3 Kaufmännische Zinsformel
4.4 Verrechnungssteuer
4.5 Kontokorrent

4 Zinsen

Leitfragen
Finden Sie beim Durcharbeiten der Theorie Antworten auf diese Fragen:

1. Was wird unter dem Begriff Zins verstanden?
2. Wie funktioniert das Zinsdifferenzgeschäft von Banken?
3. Welche Regeln gelten nach der Deutschen Zinsusanz für die Zinsberechnung?
4. Wie lautet die allgemeine Formel zur Berechnung des Zinses?
5. Welches ist der Zweck der Verrechnungssteuer?
6. Wie sind Zinserträge zu verbuchen?
7. Was wird unter einem Kontokorrent verstanden?
8. Wie sind die Begriffe Soll und Haben in einem Kontoauszug der Bank zu verstehen?
9. Was bedeutet die Valutaspalte in einem Kontoauszug der Bank?

Notizen

Notizen

4.1 Zinsdifferenzgeschäft von Banken

Der Zins (lat. census, Abgabe) ist das Entgelt für die Ausleihung von Kapital. Banken übernehmen in einer Wirtschaft eine wichtige Funktion als Kapitalvermittler, indem sie Geld von ihren Kunden ausleihen (entgegennehmen), um es an andere Kunden weiterzuverleihen. Die Banken verdienen an diesem Geschäft, weil sie für das ausgeliehene Geld weniger Zins bezahlen, als sie für das verliehene Geld verlangen. Diese Art von Bankgeschäft wird als Zinsdifferenzgeschäft bezeichnet.

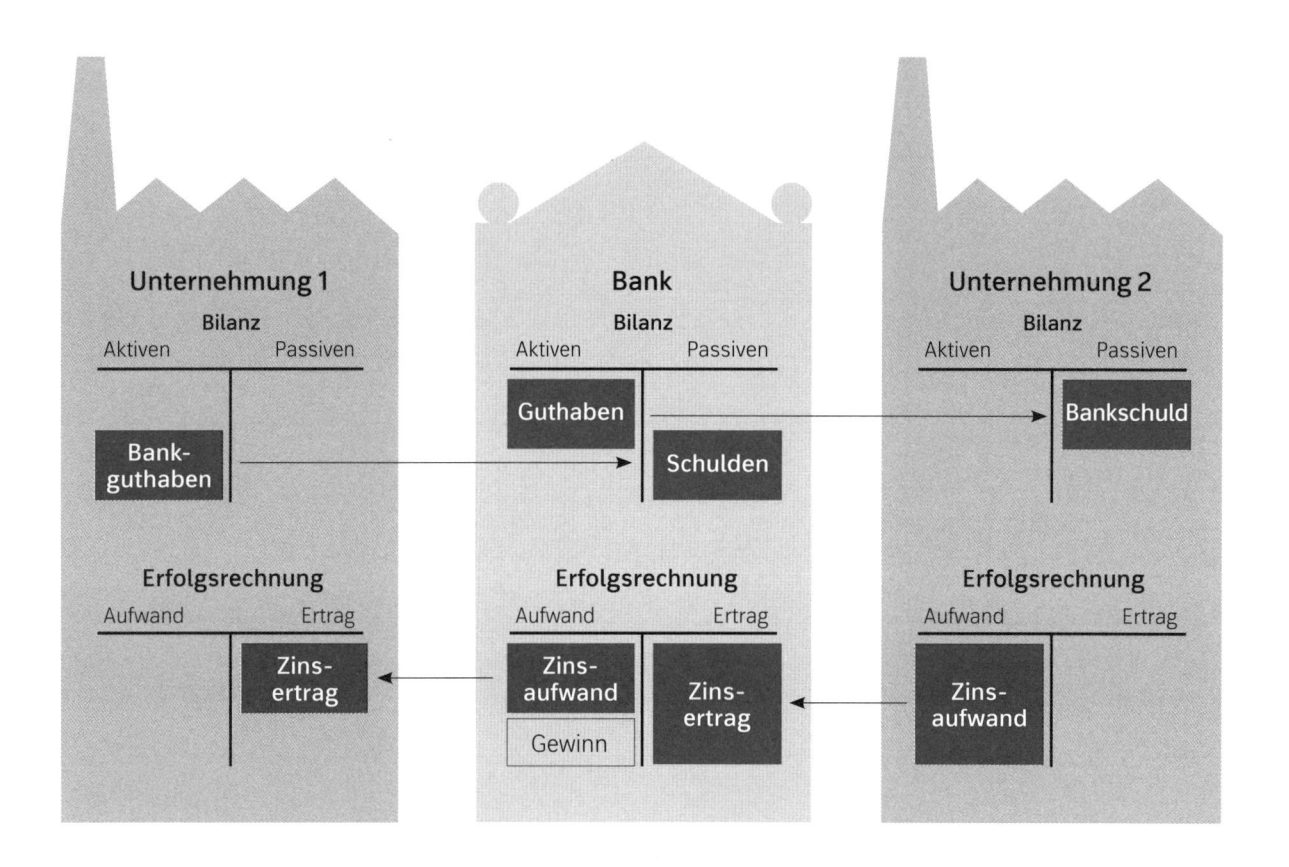

Beispiel
Wenn Sie CHF 10 000.00 auf einem Sparkonto anlegen, bekommen Sie zwischen 1 und 2 % Zinsen. Wenn Sie sich als Privatperson CHF 10 000.00 von der Bank für den Kauf eines Autos ausleihen, bezahlen Sie zwischen 10 % und 15 % Zinsen. Mit der Zinsdifferenz deckt die Bank ihre Gemeinkosten (Löhne, Miete, Ausfallrisiko, Abschreibungen usw.) und erzielt in der Regel einen Reingewinn.

4.2 Zinsrechnen mit Dreisatz

Der Zinsbetrag wird in der Regel in Prozenten des betreffenden Kapitals berechnet. Dieser Prozentsatz wird als Zinsfuss bezeichnet. Grundsätzlich drückt der Zinsfuss immer den zu entrichtenden Zinsbetrag für ein ganzes Jahr aus.

Beispiel – Zinsberechnung für ein Jahr mit Dreisatz
Sie haben **CHF 1 000** auf dem Sparkonto bei der Bank und erhalten darauf Zinsen zu einem Zinsfuss von **2 %**.

Berechnung
100 % → 2 %
CHF 1 000 → **CHF ?**

1 000 : 100 · 2 = **CHF 20**

Beispiel – Zinsberechnung für einen bestimmten Zeitraum mit Dreisatz in zwei Schritten
Sie haben **CHF 1 000** für **180 Tage** auf Ihrem Sparkonto bei der Bank und erhalten darauf Zinsen zu einem Zinsfuss von **2 %**.

Berechnung
1. Jahreszins berechnen:
100 % → 2 %
CHF 1 000 → **CHF ?**

1 000 : 100 · 2 = **CHF 20**

2. Zins für Anlagedauer berechnen:
360 Tage* → 180 Tage
CHF 20 → **CHF 10**

20 : 360 · 180 = **CHF 10**

---

* **Deutsche Zinsusanz**
In der Schweiz wenden Banken zur Vereinfachung der Zinsberechnung die Deutsche Zinsusanz an. Folgende Regeln gelten immer für die Zinsberechnung:

- Ein Zinsjahr hat 360 Tage
- Jeder Zinsmonat hat 30 Tage
- Der letzte Kalendertag jedes Monats gilt als der 30. Tag des Monats

www.klv.ch

Beispiele für die Tageberechnung

Anlagedauer	Zinstage	Berechnung
11.01. – 15.01.	= 4 Tage	Differenz zwischen den zwei Daten: 15 – 11 = 4
11.01. – 31.01.	= 19 Tage	Der 31. gilt als der 30., darum 30 – 11 = 19
24.02.11 – 28.02.11 (Kein Schaltjahr)	= 6 Tage	Da 2011 kein Schaltjahr ist, ist der 28.02. der letzte Tag des Monats Februar und gilt für die Zinsrechnung somit als der 30. Tag: 30 – 24 = 6
24.02.12 – 28.02.12 (Schaltjahr)	= 4 Tage	Da 2012 ein Schaltjahr ist, ist der 28.02. nicht der letzte Tag des Monats Februar. Für die Zinsrechnung gilt normal die Differenz zwischen den zwei Date: 28 – 24 = 4

4.3 Kaufmännische Zinsformel

Für anspruchsvolle Zinsrechnungen empfiehlt sich die Anwendung der kaufmännischen Zinsformel, die, je nach Aufgabenstellung, nach einer beliebigen Variable umgeformt werden kann.

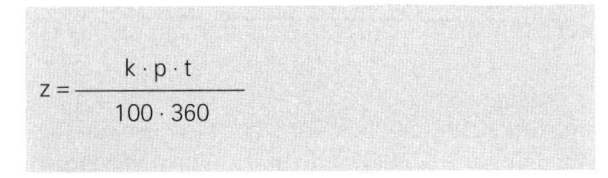

$$z = \frac{k \cdot p \cdot t}{100 \cdot 360}$$

z	Zins als Betrag
k	Kapital als Betrag
p	Zinsfuss in Prozent (von lat. pes, Fuss)
t	Anlagedauer in Tagen (von lat. tempus, Zeit)

Beispiele für die Anwendung der kaufmännischen Zinsformel

1. Was ist gesucht?	2. Umformung der allgemeinen Zinsformel		3. Einsetzen	
CHF 1 000 werden zu 2 % pro Jahr verzinst. Wie hoch ist der **Zins** pro Jahr? → gesucht ist **z**	Keine Anpassung nötig, da Jahreszins als Betrag gesucht wird. $z = \dfrac{k \cdot p \cdot t}{100 \cdot 360}$		$\dfrac{1000 \cdot 2 \cdot 360}{100 \cdot 360}$	= CHF 20
Bei welchem **Zinsfuss** gibt ein Kapital von CHF 2 000 einen Zins pro Jahr von CHF 60? → gesucht ist **p**	$z = \dfrac{k \cdot \mathbf{p} \cdot t}{100 \cdot 360}$	→ $p = \dfrac{z \cdot 100 \cdot 360}{k \cdot t}$	$\dfrac{60 \cdot 100 \cdot 360}{2000 \cdot 360}$	= 3 %
Welches **Kapital** ergibt bei einem Zinsfuss von 4 % nach 90 Tagen einen Zins von CHF 80? → gesucht ist **k**	$z = \dfrac{\mathbf{k} \cdot p \cdot t}{100 \cdot 360}$	→ $k = \dfrac{z \cdot 100 \cdot 360}{p \cdot t}$	$\dfrac{80 \cdot 100 \cdot 360}{4 \cdot 90}$	= CHF 8 000
Nach wie vielen **Tagen** ergibt ein Kapital von CHF 52 000 bei einem Zinsfuss von 3.75 % einen Zins von CHF 1 300? → gesucht ist **t**	$z = \dfrac{k \cdot p \cdot \mathbf{t}}{100 \cdot 360}$	→ $t = \dfrac{z \cdot 100 \cdot 360}{k \cdot p}$	$\dfrac{1300 \cdot 100 \cdot 360}{52000 \cdot 3.75}$	= 240 Tg.

4.4 Verrechnungssteuer

In der Schweiz sind Privatpersonen und Unternehmungen gesetzlich dazu verpflichtet, die Steuerbehörden über ihre Vermögens- und Ertragslage zu informieren, damit eine angemessene Besteuerung vorgenommen werden kann. Die Verheimlichung von steuerbaren Vermögens- und Ertragsteilen kann eine strafbare Steuerhinterziehung darstellen. Die **Verrechnungssteuer** ist ein Instrument zur Verminderung von Steuerhinterziehungen.

Wer Zinsen, Dividenden, Lotteriegewinne oder bestimmte Versicherungsleistungen an einen Begünstigten auszahlt, ist verpflichtet, darauf eine Verrechnungssteuer zurückzubehalten und direkt an die Eidgenössische Steuerverwaltung zu überweisen ❶. Nachdem der Begünstigte sein Vermögen und seinen Vermögensertrag korrekt in der Steuererklärung deklariert hat ❷, wird die Verrechnungssteuer an ihn zurückerstattet ❸. Sofern ein Rückerstattungsanspruch besteht, wird die Verrechnungssteuer in der Regel vom Bund an den Kanton zur Verrechnung mit den kantonalen Steuern weitergeleitet.

Die Verrechnungssteuer ist also eine Sicherungssteuer, die einen finanziellen Anreiz zur korrekten Steuererklärung schafft. Die Verrechnungssteuer auf Zinsen und Dividenden beträgt 35 %.

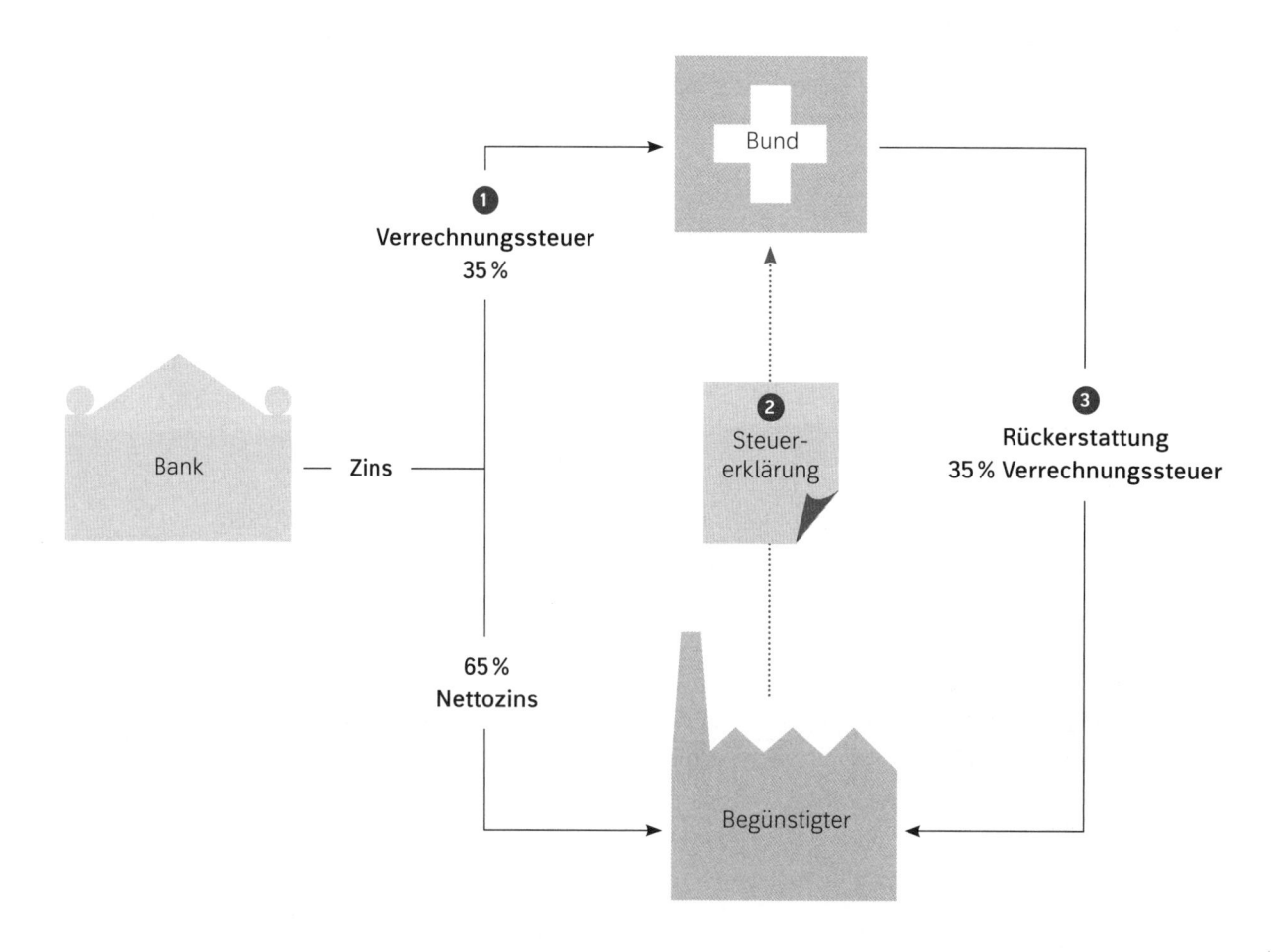

Zinsen | 4

Beispiel – Buchung für den Zinsertrag

Die Bank entrichtet CHF 2 000.00 Zinsen an die Tauchschule Chris Diermaier, wovon aber nur CHF 1 300.00 (65 %) auf dem Bankkonto gutgeschrieben werden. CHF 700.00 (35 %) gehen an die Eidgenössische Steuerverwaltung (ESTV). Auf dem Bankkonto wird die Verrechnungssteuer direkt nach der Gutschrift des Bruttozinses belastet. Sofern die Tauchschule Chris Diermaier in ihrer Steuererklärung das Vermögen sowie die daraus erzielten Vermögenserträge korrekt angibt, kann sie die Rückerstattung der Verrechnungssteuer fordern.

Geschäftsfall	Buchung		Betrag
	Soll	Haben	
Bruttozins (100%)	Bank	Zinsertrag	2 000
Verrechnungssteuer (35%)	Verrechnungssteuer*	Bank	700

Beispiel – Buchung Wertschriftenertrag

Bei verrechnungssteuerpflichtigen Wertschriftenerträgen wird nur der Nettozins auf dem Bankkonto gutgeschrieben, während die Verrechnungssteuer direkt an die ESTV überwiesen wird.

Geschäftsfall	Buchung		Betrag
	Soll	Haben	
Netto-Dividende (65%)	Bank	Wertschrftenertrag**	1 300
Verrechnungssteuer (35%)	Verrechnungssteuer*	Wertschriftenertrag**	700

* Für das Verrechnungssteuerguthaben gegenüber der ESTV wird in der Regel unter dem Titel «Verrechnungssteuer» ein separates Debitorenkonto geführt.
Verrechnungssteuer kann mit Verr'St. abgekürzt werden (Die Abkürzung VSt ist nicht eindeutig, da sie auch ein Vorsteuer- oder Vermögenssteuerguthaben bezeichnen könnte).

** Kontenwahl zur Erfassung des Wertschriftenerfolgs:

- **Wertschriftenerfolge auf Wertschriften,** die im **Umlaufvermögen** als Liquiditätsreserve gehalten werden (i. d. R. kotierte Aktien und Obligationen), sind in den Konten Wertschriftenaufwand bzw. Wertschriftenertrag zu buchen.

- **Wertschriftenerfolge auf Wertschriften,** die im **Anlagevermögen** als Beteiligungen an anderen Unternehmungen gehalten werden, sind als Beteiligungsaufwand bzw. Beteiligungsertrag zu buchen.

4.5 Kontokorrent

Als Kontokorrent wird ein laufendes Konto für den Zahlungsverkehr verstanden, dessen Saldo sich aufgrund von Bezügen und Gutschriften ständig ändert. Ein Bankkontokorrent kann entweder ein Bankguthaben oder eine Bankschuld darstellen. Für die Verzinsung des Kontokorrents wird für jede Änderung des Kontostandes eine neue Zinsberechnung für die Dauer bis zur nächsten Änderung des Kontostands vorgenommen. Der Zins auf diesen Zeitabschnitten wird als **Marchzins** bezeichnet (Zins für eine kurze Dauer).

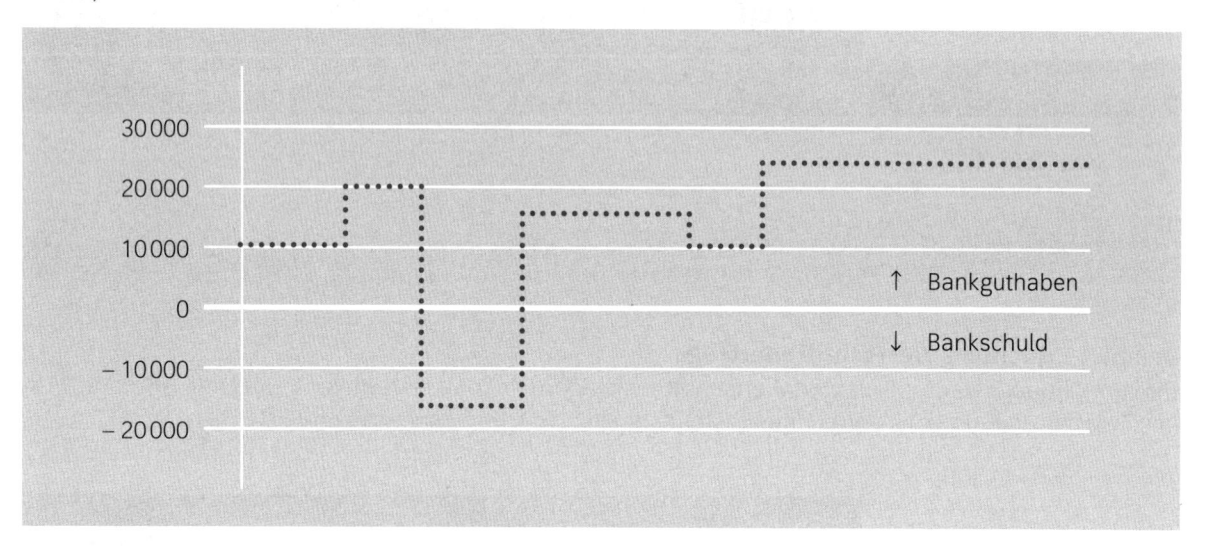

Beispiel – Bankauszug eines Kontokorrents

Nachstehend finden Sie den Auszug des Bankkontos der Tauchschule Chris Diermaier für den Monat Mai 20__, welchen die Bank per Post zugestellt hat.

		Verkehr		Saldo			Berechnung Zins		
Datum ❶	Text	Belastung (Soll ❷)	Gutschrift (Haben ❷)	Zu Ihren Lasten (Soll ❷)	Zur Ihren Gunsten (Haben ❷)	Valuta ❸	Tage ❹	Soll ❷	Haben ❷
02.05.	Saldo zu Ihren Gunsten		4000.00		4000.00	30.04.	4		0.35
04.05.	Belastung E-Banking	1000.00			3000.00	04.05.	2		0.15
06.05.	Belastung E-Banking	2000.00			1000.00	06.05.	3		0.05
09.05.	Gutschrift M. Zahno		2000.00		3000.00	09.05.	2		0.15
11.05.	Gutschrift B. Gans		3000.00		6000.00	11.05.	14		1.85
25.05.	Belastung E-Banking	8000.00		–2000.00		25.05.	5	3.35	
							30		
01.06.	Sollzins (12%)	3.35		–2003.35		31.05. ←		3.35	
01.06.	Habenzins (0.8%)		2.55	–2000.80		31.05. ←			2.55
01.06.	Spesen	6.00		–2006.80		31.05.			
01.05.	Saldo		2006.80			31.05.			

Erklärungen zum Kontoauszug:

1. Buchungsdatum der Bank
2. Die Begriffe Soll und Haben bezeichnen das Konto aus Sicht der Bank, nicht aus Sicht des Kunden.
3. Valuta ist die Bezeichnung für das für die Zinsberechnung massgebende Datum.
4. Die Tageberechnung zeigt, zu wie vielen Tagen der Saldo verzinst wird.
   (Differenz zum Valutadatum der nächsten Kontobewegung) → Berechnung des **Marchzinses**

Vorliegend ist keine Verrechnungssteuer geschuldet, weil insgesamt eine Zinsbelastung erfolgt.

Kontrollfragen

1. Was wird unter dem Begriff Zins verstanden?
2. Wie funktioniert das Zinsdifferenzgeschäft von Banken?
3. Welche Regeln gelten nach der Deutschen Zinsusanz für die Zinsberechnung?
4. Wie lautet die allgemeine Formel zur Berechnung des Zinses?
5. Welches ist der Zweck der Verrechnungssteuer?
6. Wie funktioniert das System der Verrechnungssteuer?
7. Wie hoch ist der Verrechnungssteuersatz auf Zinsen und Dividenden?
8. Wie sind Zinserträge zu verbuchen?
9. Was wird unter einem Kontokorrent verstanden?
10. Wie sind die Begriffe Soll und Haben in einem Kontoauszug der Bank zu verstehen?
11. Was bedeutet die Valutaspalte in einem Kontoauszug der Bank?

Notizen

Lösungen zu den Kontrollfragen

1. Der Zins (lat. census; Abgabe) ist das Entgelt für die Ausleihung von Kapital («die Miete für das ausgeliehene Kapital»).

2. Banken übernehmen in einer Wirtschaft eine wichtige Funktion als Kapitalvermittler, indem sie Geld von ihren Kunden ausleihen, um es an andere Kunden weiter zu verleihen. Banken verdienen an diesem Geschäft, weil sie für das ausgeliehene Geld weniger Zins bezahlen, als sie für das verliehene Geld verlangen. Diese Art von Bankgeschäft wird als Zinsdifferenzgeschäft bezeichnet.

3. Ein Jahr hat 360 Tage. Jeder Monat hat 30 Tage. Der letzte Kalendertag jedes Monats gilt als der 30. Tag des Monats.

4. $k \cdot p \cdot t : (100 \cdot 360)$

5. Die Verrechnungssteuer soll einen finanziellen Anreiz zur korrekten Angabe von Vermögen und Erträgen geben (Bekämpfung der Steuerhinterziehung).

6. Wer Zinsen, Dividenden, Lotteriegewinne oder bestimmte Versicherungsleistungen an einen Begünstigten auszahlt, ist verpflichtet, darauf eine Verrechnungssteuer zurückzubehalten und direkt an die Eidgenössische Steuerverwaltung zu überweisen. Sobald der Begünstigte sein Vermögen und seinen Vermögensertrag korrekt in der Steuererklärung deklariert hat, wird die Verrechnungssteuer an ihn zurückerstattet. Sofern ein Rückerstattungsanspruch besteht, wird die Verrechnungssteuer in der Regel vom Bund an den Kanton zur Verrechnung mit den kantonalen Steuern weitergeleitet.

7. 35 %

8. Zinserträge sind durch zwei Buchungen im Rechnungswesen zu erfassen.
   Bank / Zinsertrag   (100 %)
   Verrechnungssteuer / Bank   (35 %)

9. Als Kontokorrent wird ein laufendes Konto verstanden, dessen Saldo sich aufgrund von Bezügen und Gutschriften ständig ändert. Ein Bankkontokorrent kann entweder ein Bankguthaben oder eine Bankschuld darstellen.

10. Die Begriffe Soll und Haben bezeichnen das auf dem Bankauszug dargestellte Konto aus Sicht der Bank, nicht aus Sicht des Kunden.

11. Valuta ist die Bezeichnung für das für die Zinsberechnung massgebende Datum.

Notizen

Aufgaben

Aufgabe 1 (Einfache Zinsrechnungen) ●○○

a) V. Rossi verdient bei einem Motorradrennen ein Preisgeld von CHF 20 000.00 und legt es auf einem Sparkonto zu einer Verzinsung von 2 % an. Wie viel Zins bekommt er nach einem Jahr gutgeschrieben?

b) Ein Immobilienmakler verkauft im Auftrag von T. Turner eine Villa am Zürichsee. Die Zahlung des Käufers von CHF 10 600 000.00 belässt er für eine Woche auf seinem Konto, bevor er sie an T. Turner weiterleitet. Wie viel hat der Immobilienmakler an diesem Geschäft an Zinsen verdient, wenn er 2 % Zinsen auf seinem Bankkonto bekommt. Berechnen Sie das Ergebnis mit der allgemeinen Zinsformel.

c) J. Assange überweist am 1. Januar 20__ CHF 100 000.00 auf ein Sparkonto in der Schweiz, das zu 1.5 % verzinst wird. Mitte Jahr verdoppelt er sein Guthaben auf dem besagten Bankkonto mit einer weiteren Überweisung. Wie viel Zins bekommt er Ende Jahr gutgeschrieben? Der Zins auf dem Zins (Zinseszins) kann vernachlässigt werden.

Zinsen | 4

Aufgabe 2 (Anwendung der allgemeinen Zinsformel mit Hilfestellung)   ●●○

a) Wie lautet die allgemeine Zinsformel und was bedeuten die Variablen genau?

Zinsformel:

Erklärung der Variablen:

Variable	Erklärung

b) Formen Sie die Zinsformel so um, dass Sie die fehlenden Angaben in den nachstehenden Tabellen berechnen können.

	Kapital	Zinsfuss	Tage	Zins
1	34 500.00	2	60	

Hilfsschritte für die Lösung:

Welche Variable der Zinsformel ist gesucht?

Wie lautet die Formel zur Berechnung der gesuchten Variable?

Setzen Sie die Zahlen aus der Tabelle in die umgeformte Zinsformel ein.

Berechnen Sie das Ergebnis.

Aufgaben

	Kapital	Zinsfuss	Tage	Zins
2	105 600.00	0.5		136.40

Hilfsschritte für die Lösung:

Welche Variable der Zinsformel ist gesucht?	
Wie lautet die Umformung der Zinsformel nach der gesuchten Variable?	
Setzen Sie die Zahlen aus der Tabelle in die umgeformte Zinsformel ein.	
Berechnen Sie das Ergebnis.	

	Kapital	Zinsfuss	Tage	Zins
3	44 830.00		320	4 781.85

Hilfsschritte für die Lösung:

Welche Variable der Zinsformel ist gesucht?	
Wie lautet die Umformung der Zinsformel nach der gesuchten Variable?	
Setzen Sie die Zahlen aus der Tabelle in die umgeformte Zinsformel ein.	
Berechnen Sie das Ergebnis.	

	Kapital	Zinsfuss	Tage	Zins
4		2	126	462

Hilfsschritte für die Lösung:

- Welche Variable der Zinsformel ist gesucht?
- Wie lautet die Umformung der Zinsformel nach der gesuchten Variable?
- Setzen Sie die Zahlen aus der Tabelle in die umgeformte Zinsformel ein.
- Berechnen Sie das Ergebnis.

c) Berechnen Sie die fehlenden Angaben in der nachfolgenden Tabelle.

	Kapital	Zinsfuss	Tage	Zins
1	38 900.00	3	90	
2	73 000.00	1.25		730.00
3	1 077 000.00		320	11 000.00
4		0.5	116	140.00

Aufgaben

Aufgabe 3 (Anwendung der allgemeinen Zinsformel) ●●○

Corina Zurschmitten macht ihre kaufmännische Lehre bei einer Regionalbank. Heute hat sie Schalterdienst für Wertschriften- und Kreditgeschäfte. Corina vertraut dem Bankcomputer nicht blind und versucht alle Beträge zu plausibilisieren.

a) Pietro Colombo kaufte vor drei Jahren von der Bank eine Kassenobligation im Wert von CHF 10 000.00 mit einer Laufzeit von 3 Jahren, die zu 2.75 % verzinslich ist. Berechnen Sie den Jahreszins brutto.

b) Pietro Colombo eröffnete dieses Jahr ein neues Anlagesparkonto, indem er CHF 5 000.00 darauf einzahlte. Dieser Betrag wurde fortan zu 2.5 % verzinst. Bis Ende Jahr erarbeitete er mit dieser Ersparnis einen Bruttozins von CHF 62.50. Wann hatte er sein Anlagesparkonto eröffnet?

c) Bei welchem Zinsfuss wäre Pietro Colombo mit seinem Anlagesparkonto in der gleichen Zeit auf einen Bruttozins von CHF 100.00 gekommen?

d) Bei welchem Kapital wäre Pietro Colombo mit seinem Anlagesparkonto in der gleichen Zeit zum Zinsfuss von 2.5 % auf einen Bruttozins von CHF 12.50 gekommen?

Aufgabe 4 (Querschnitt zum Grundwissen Zinsrechnen)

a) Kreuzen Sie richtige (R) Aussagen an.

Aussagen	R
Das Zinsjahr umfasst stets 360 Tage.	
Die Verrechnungssteuer von 35 % dient der Bekämpfung der Steuerhinterziehung.	
Der Zinsfuss gibt den Zins in Prozent des Kapitals an.	
Der Februar weist im Schaltjahr 29 Zinstage auf.	
Bei einer Kassenobligation wird der Nettozins wie folgt gebucht: Bank / Zinsertrag.	
Wenn Verrechnungssteuer abgezogen worden ist, wird der Bruttozins nicht gebucht.	

b) Welcher Fachausdruck wird umschrieben?

Fachausdruck	Umschreibung
	Variable für den Darlehensbetrag in der Zinsformel
	Gewohnheitsrecht bei der Zinsberechnung
	Zins für eine kurze Zeitdauer
	Ertragskonto für den Obligationenzins
	Massnahme gegen Steuerhinterziehung
	Nach Abzug der Verr'St. verbleibender Betrag

Aufgaben

Aufgabe 5 (Deutsche Zinsusanz) ●●○

Der in der Schweiz gültige Gregorianische Kalender, der auf den Kirchenvater Gregor zurückgeht, kommt dem astronomischen Sonnenjahr, das 365.24219052 Tage umfasst, bis auf wenige Sekunden nahe. Diese hohe Genauigkeit erzielte Gregor mit folgender Regelung zur Festlegung des Schaltjahrs.

1. Die durch 4 ganzzahlig teilbaren Jahre sind Schaltjahre. Danach wären die Jahre 1600, 1700, 1800, 1900, 2000, 2012 und 2100 Schaltjahre. Die mittlere Länge eines Kalenderjahres erhöht sich dadurch um einen viertel Tag von 365 Tage auf 365,25 Tage.

2. Die durch 100 ganzzahlig teilbaren Jahre sind keine Schaltjahre. Es bliebe im Beispiel nur 2012 als Schaltjahr übrig. Im Durchschnitt verringert sich dadurch wieder die Länge des Kalenderjahres um 0,01 Tage von 365,25 Tage auf 365,24 Tage

3. Schließlich sind die ganzzahlig durch 400 teilbaren Jahre ebenfalls Schaltjahre. Damit sind 1600 und 2000 jeweils wieder ein Schaltjahr. Und die mittlere Länge des Kalenderjahres erhöht sich schließlich um 0,0025 Tage von 365,24 Tage auf 365,2425 Tage.

Bei den alten Römern begann das neue Jahr jeweils am 1. März (vgl. Chalanda Marz). So war der September der siebte Monat, der Oktober der achte. Der Schalttag wurde am Jahresende, d. h. am 29. Februar, angefügt.

a) Kreuzen Sie die Schaltjahre an.

1999		2011	
2000		2012	
2001		2013	
2010		2020	

b) Berechnen Sie die Tage nach Deutscher Usanz.

Zinsperiode	Tage
1. Januar – 31. Januar	
31. Januar – 27. Februar	
2. – 28. Februar (Schaltjahr)	
2. – 28. Februar (kein Schaltjahr)	
28. Februar – 29. Februar (Schaltjahr)	
28. Februar – 3. März (Schaltjahr)	
28. Februar – 3. März (kein Schaltjahr)	
27. Februar – 3. März (Schaltjahr)	
27. Februar – 3. März (kein Schaltjahr)	

→ Das Schaltjahr spielt nur dann eine Rolle, bei der Tageberechnung, wenn entweder der Beginn oder das Ende der Anlagedauer auf einen Schalttag fällt.

Aufgabe 6 (Zinseszins im Jahresintervall)

a) Die Bank gewährt Isidor Zerkiebel ein Darlehen von CHF 1 000.00. Der Zinssatz beträgt 5 %. Der Zins wird jeweils nach Ablauf eines Jahres zum Kapital geschlagen. Wie viel beträgt die Rückzahlung nach 2 Jahren und 3 Monaten? Hinweis: Zinsen auf Aktivdarlehen unterliegen nicht der Verrechnungssteuerpflicht.

b) Am 31. Dezember 2023 gewährt die Bank Fidelis Imwinkelried ein Darlehen von CHF 1 000.00. Der Zins wird jeweils nach Ablauf eines Jahres zum Kapital geschlagen. Die Rückzahlung einschliesslich 7 % Zins beträgt CHF 1 114.10. An welchem Datum erfolgt die Rückzahlung? Hinweis: Zinsen auf Aktivdarlehen unterliegen nicht der Verrechnungssteuer.

Aufgaben

Aufgabe 7 (Verrechnungssteuer) ●○○

Bankkundin Gerda Volken eröffnet auf ihren Namen ein Sparkonto, zahlt folgende Beträge darauf ein und lässt sie bis Ende des nächsten Jahres stehen (kein Schaltjahr).

Einzahlungen	
Valuta	Betrag
31.12.	5 000
28.02.	7 000
31.05.	3 000

Ende Jahr wird das Sparkonto mit brutto CHF 300.00 verzinst. Berechnen Sie auf Ende Jahr den neuen Saldo, der sich durch die Verzinsung ergibt. Zinsen auf Namensparkonten sind ab CHF 200.00 verrechnungssteuer-pflichtig.

Aufgabe 8 (Zinskonditionen vergleichen) ●●○

Die Bank verzinst Guthaben ihrer Angestellten auf den Salär- und Privatkonten zu 3 ¼ %. Sonst beträgt der Zinssatz auf diesen Konten nur 2 ½ %. Anna Rieder-Murmann, Angestellte, hat auf ihrem Konto CHF 2 500.00. Wie viele Franken Kapital muss Elgar Kalbermatten, ein gewöhnlicher Kunde, auf seinem Konto anlegen, damit er in 8 Monaten den gleichen Zins erhält wie die Angestellte in 150 Tagen?

Zinsen | 4

Aufgabe 9 (Zinsfussberechnung; Leasing) ●○○

Beim Kauf eines italienischen Cabrios im Wert von CHF 22 125.00 abzüglich Anzahlung von CHF 5 000.00 bietet eine Leasingfirma das Fahrzeug für eine monatliche Leasingrate von CHF 200.00 an. Mit welchem Zinsfuss rechnet die Leasingfirma?

Aufgabe 10 (Tageberechnung) ●○○

Wie viele Tage benötigt Kunde Theodul Strittmatter, um auf seinem Sparkapital von CHF 18 000.00 bei einem Zinsfuss von 5 % einen Zins von netto CHF 130.00 (nach Abzug der Verrechnungssteuer) erarbeiten zu können?

Aufgabe 11 (Kapitalberechnung) ●○○

Mit welchem Sparkapital erhält Dr. Schlaginhauf bei einem Zinsfuss von 4.5 % in 150 Tagen einen Nettozins von CHF 797.45 (nach Abzug der Verrechnungssteuer)?

Aufgaben

Aufgabe 12 (Kontokorrent abschliessen)

Ein Kontokorrent weist vor den Abschlussbuchungen einen Habensaldo von CHF 29 745.05 auf. Der Bruttozins beträgt CHF 444.55, die Spesen CHF 34.00. Wie lauten die Abschlussbuchungen inklusive Saldoverbuchung?

a) Vervollständigen Sie den Abschluss des Kontokorrents.

Habensaldo	29 745.05
Zins brutto	444.55
– Verrechnungssteuer	155.60
– Spesen	34.00
Habensaldo	30 000.00

b) Verbuchen Sie den Abschluss aus Sicht des Bankkunden.

Buchungstext	Soll	Haben	Betrag
Bruttozins	Bank	Zinsertrag	444.55
Verrechnungssteuer	Guthaben Verrechnungssteuer	Bank	155.60
Spesen	Bankspesen	Bank	34.00
Übertrag in Bilanz	Bank	SB	30 000.00

Zinsen | 4

Aufgabe 13 (Kontokorrent abschliessen)

Wie verbuchte Roman Hassler das folgende Abschlussbetreffnis (Kontoabschluss) im Jahre 2022?

Rheingold Bank
Bahnhofstrasse 10
8001 Zürich

Konto-Nr. 36384992.5
IBAN/Währung CH23 8147 7000 3638 4992 5 / CHF
Kontoinhaber Roman Hassler
Kontoart Privatkonto

Herr
Roman Hassler
Klosterstrasse 70
8400 Winterthur

Abschlussbetreffnis per: 31.12.2022   Datum: 31.12.2022   Seite 1

Datum	Text	Belastungen	Gutschriften	Valuta	Saldo
31.12.22	Saldo vor Abschluss			31.12.22	231 666.00 +
	Periode 01.01 - 31.12.22				
31.12.22	0.25 % Habenzins ab 31.12.2021		650.50	31.12.22	
31.12.22	35 % Verrechnungssteuer	227.50		31.12.22	
31.12.22	Total Zinsen				423.00 +
31.12.22	Postfinance-Spesen	47.00		31.12.22	
31.12.22	Total Spesen				47.00 -
	Umsatz	274.50	650.50		
	Saldo zu Ihren Gunsten				232 042.00 +

Kreditkommission auf vom durschschnittl. beanspr. Kredit 1 % jährlich

Aktuelle Konditionen	Aktivzinsen	Passivzinsen
	9.0000 %	0.2500 %

Buchungstext	Soll	Haben	Betrag

Aufgaben

Aufgabe 14 (Bankabrechnung; Wertschriftenerträge auf Obligationen verbuchen) ●○○

Theodul Nannen kaufte vor einem Jahr für seine Kaminfeger Nannen GmbH für CHF 20 000.00 Bundesobligationen, die zu 3 % verzinslich sind.

a) Erstellen Sie die Abrechnung (Bankdepot) für die Gutschrift des Jahreszinses.

b) Wie verbucht der Halter der Obligation die Gutschriftanzeige der Bank?

Buchungstext	Soll	Haben	Betrag

c) Da die Kaminfeger Nannen GmbH eine juristische Person ist, darf sie die Verrechnungssteuer sofort mit einem Formular von der Eidgenössischen Steuerverwaltung zurückfordern. Gemäss Beleg der PostFinance wird sie zwei Monate später zurückerstattet. Wie ist dieser Vorgang von der Kaminfeger Nannen GmbH zu verbuchen?

Buchungstext	Soll	Haben	Betrag

Aufgabe 15 (Dividenden verbuchen)

Oscar Zermatten kaufte für seine Zermatten Elektro AG 200 Nestlé-Aktien zum Börsenkurs von CHF 54.57. Am 21. April 20__ erhält die Zermatten Elektro AG von der Bank die Gutschriftsanzeige von CHF 240.50 für die Nettodividende.

a) Wie hoch ist die Dividende je Aktie?

b) Wie bucht die Aktionärin diesen Dividendenertrag?

Buchungstext	Soll	Haben	Betrag

c) Wie hoch ist die Dividendenrendite (in % des Börsenkurses, Spesen sind zu vernachlässigen)

Aufgaben

Aufgabe 16 (Darlehenszinsen verbuchen)

Die Sennerei-Genossenschaft Firnalp gewährte ihrem Senn (Käser) Seppli ein Darlehen von CHF 4 000.00. Die Sennerei-Genossenschaft zahlte das Darlehen über ihr Konto bei der Bank aus. Der Jahreszins darauf beträgt ohne Abzüge CHF 120.00.

a) Wie hoch ist der Zinsfuss?

b) Wie bucht die Sennerei-Genossenschaft die Auszahlung des Darlehens sowie den Zinsertrag?

Buchungstext	Soll	Haben	Betrag

Zinsen | 4

Aufgabe 17 (Kontokorrent führen) ●○○

a) Vervollständigen Sie den folgenden Kontokorrentauszug, wobei keine Zinsberechnungen gefragt sind.

Datum	Text	Belastungen Soll	Gutschrift Haben	Saldo	Valuta
21.06.	Übertrag		5 128.95	5 128.95	21.06.
22.06.	Vergütung Garage Servicerechnung			4 028.95	22.06.
23.06.	Reisespesen bar EUR 587.70		705.25	4 734.20	23.06.
24.06.	Vergütung Rechnung GBP 2 000.00	5 050.40			24.06.
30.06	Habenzins CHF 60.45 (0.25 %)				30.06.
30.06.	Sollzins CHF 0.40 (8 %)			256.15	30.06.
30.06.	Verrechnungssteuer CHF 21.00				30.06.
30.06.	Kommission CHF 1.80				30.06.
30.06.	Porti & Spesen CHF 21.00				30.06.

b) Berechnen Sie den von der Bank angewandten EUR-Kurs vom 23.06 auf zwei Kommastellen genau.

Aufgaben

Aufgabe 18 (Kontokorrent mit Marchzinsen führen)

a) Ergänzen Sie den folgenden Kontokorrentauszug um den Halbjahresabschluss.

- Rechnen Sie die Marchzinsen für alle Zwischensalden aus.
- Porti & Spesen betragen total CHF 21.00

Datum	Text	Verkehr		Saldo		Val.	Tg.	Zins	
		Soll	Haben	Soll	Haben			Soll	Haben
01.01.	Saldovortrag		2 100.00		2 100.00	31.12.			
31.01.	DA Miete	1 500.00			600.00	31.01.			
29.02.	Überweisung		8 000.00		8 600.00	29.02.			
10.03.	Überweisung		450.00		9 050.00	10.03.			
25.06.	DA Löhne	6 974.10			2 075.90	25.06.			
30.06.	Habenzins 0.25 %								
30.06.	Porti & Spesen								
30.06.	Saldo								
	Additionen								

b) Wie verbucht der Bankkunde die Kontenabschlussbuchungen per 30.06.?

Buchungstext	Soll	Haben	Betrag
Zinsen			
Porti & Spesen			
Übertrag in Bilanz			

Zinsen | 4

Aufgabe 19 (Obligationenanleihe) ●●○

Die Schönheitsklinik Dr. Lacher kauft über die Effekten-Bank für nominell CHF 5 000.00 eine Bundesobligation (Obligation der Schweizerischen Eidgenossenschaft), die zu 3 % verzinst wird und noch ein Jahr läuft und danach zurückbezahlt wird; Spesen und allfällige Kursschwankungen sind zu vernachlässigen. Verbuchen Sie die folgenden Geschäftsfälle **anhand der Kontennummern des Kontenplans** der Dr. Lacher Klinik.

Kontenplan der Dr. Lacher Klinik

Aktiven	Passiven	Aufwand	Ertrag
1000 Kasse	2000 Verbindlichkeiten aus Lieferungen und Leistungen	4000 Materialaufwand	3000 Fabrikateertrag
1010 Post		4200 Warenaufwand	3200 Warenertrag
1020 Bank Raiffeisen		5000 Lohnaufwand	3300 Ertrag Klinik
1030 Wertschriften	2010 Übrige Verbindlichkeiten	6000 Raumaufwand	3400 Ertrag Pharma
1100 Forderungen aus Lieferungen und Leistungen		6200 Fahrzeugaufwand	3500 Übriger Betriebsertrag
	2100 Effekten-Bank	6300 Versicherungsaufwand	7420 Wertschriftenertrag
	2300 Darlehen	6400 Energieaufwand	7430 Wertschriftenaufwand
1120 Übrige Forderungen	2400 Hypotheken	6500 Verwaltungsaufwand	8010 Ausserordentlicher Ertrag
1200 Vorräte Pharma	2800 Eigenkapital	6600 Werbeaufwand	
1210 Übrige Vorräte		6700 Übriger Betriebsaufwand	
1510 Einrichtungen		6800 Finanzaufwand	
1520 Fahrzeuge		6900 Abschreibungen	
1600 Immobilien		8000 ausserordentlicher Aufwand	
Abschluss			
9000 Erfolgsrechnung	9100 Bilanz		

a) Wie bucht die Dr. Lacher Klinik den Kauf?

Soll	Haben	Betrag

b) Was bucht die Dr. Lacher Klinik ein Jahr später? Nehmen Sie sämtliche notwendigen Buchungen vor.

Soll	Haben	Betrag

Aufgaben

c) Die Dr. Lacher Klinik kauft eine moderne Röntgen-Anlage für CHF 120000.00. Diese Anschaffung wird vollumfänglich mit einem Darlehen **der Raiffeisenbank** zu 7.5 % finanziert. Wie wird die Anschaffung verbucht?

Soll	Haben	Betrag

d) Wie lautet die Buchung für die Banküberweisung des Darlehenszinses nach einem Jahr?

Soll	Haben	Betrag

Aufgabe 20 (Praxisfall: Dividenden) ●●○

Die Zürichseefähre Horgen-Meilen ist eine Aktiengesellschaft. Ihre Aktien werden ausserbörslich gehandelt. Wegen der verkehrsberuhigenden Massnahmen in der Stadt Zürich wählen immer mehr Autofahrer den «Weg» über den See. Um den anfallenden Verkehr bewältigen zu können, mussten die ursprünglich zwei Fähren durch drei neue Fähren ergänzt werden. Die Aktie im Nennwert von CHF 100.00 weist einen ausserbörslichen Kurs von CHF 10 000.00 auf, und der Gewinn ist so stark angestiegen, dass die Generalversammlung eine Dividende von 100 % beschliessen kann. Gian-Duri Pinggera, der in Zürich studiert und dabei in Meilen gewohnt hat, besitzt eine solche Aktie.

a) Wie verbucht Gian-Duri Pinggera bei sich die Gutschrift der Nettodividende auf seinem Bankkonto?

Soll	Haben	Betrag

b) Berechnen Sie die Rendite (Dividende in % des ausserbörslichen Kurses).

Aufgaben

Aufgabe 21 (Schnittstelle Informatik: Zinsrechner selbst gemacht)   •••

Sie haben den Auftrag einen Zinsrechner in Excel zu erstellen, wobei alle gegeben Variablen der Zinsformel eingetragen werden können und das gesuchte Ergebnis automatisch ermittelt wird.

a) **Eingabemaske entwerfen:** Formatieren und beschriften Sie in Excel eine Tabelle nach folgender Vorlage.

	A	B	C	D	E
1					
2			Was ist gegeben?	Ergebnis:	
3	Kapital	k			
4	Zinsfuss	p			
5	Tage	t			
6	Zinsbetrag	z			
7					
8					

b) **Formel entwickeln:** In der Ergebnisspalte D soll für die jeweilige Variable geprüft werden, ob in Spalte C eine Zahl eingegeben wurde. Wenn in Spalte C keine Zahl steht, soll anhand der Zinsformel das Ergebnis automatisch berechnet werden. In Excel müssen dazu zwei Formeln kombiniert werden. Beispiel für die Formel in Zelle D3:

=WENN(C3="";(C6*100*360)/(C4*C5);"")

	Erklärung	Erarbeitung der Formel
❶	Mit der Wenn-Formel wird geprüft, ob die Zelle in Spalte C leer ("") ist oder nicht. Wenn sie leer ist, dann (;) soll die Formel unten (❷) berechnet werden, sonst (;) soll nichts ("") eingetragen werden.	=WENN(C3="";❷;"")
❷	Vorliegend ist k gesucht. Die Umformung der Zinsformel nach k ergibt: (z · 100 · 360) / (p · t)	(C6*100*360)/(C4*C5)

c) **Formeln einfügen:** Fügen Sie analog zum Beispiel aus Zelle D3 die Formeln in den Zellen D4 – D6 ein, indem Sie sich überlegen, welche Variable jeweils gesucht ist und die Zinsformel entsprechend umformen und in der Formel unter Referenz auf die Daten in Spalte C eintragen.

	A	B	C	D	E
1					
2			Was ist gegeben?	Ergebnis:	
3	Kapital	k		=WENN(C3="";(C6*100*360)/(C4*C5);"")	

d) **Anwendung:** Wenn Sie alles richtig gemacht haben können Sie nun aus einer beliebigen Rechenaufgabe die gegebenen Werte in Spalte C eingeben und es erscheint automatisch die gesuchte Zahl in Spalte D. Probieren Sie es aus! Die Lösungen für alle Formeln finden Sie auf der Folgeseite.

e) **Lösung:**

	A	B	C	D	E
1					
2			Was ist gegeben?	Ergebnis:	
3	Kapital	k		=WENN(C3="";(C6*100*360)/(C4*C5);"")	
4	Zinsfuss	p		=WENN(C4="";(C6*100*360)/(C3*C5);"")	
5	Tage	t		=WENN(C5="";(C6*100*360)/(C3*C4);"")	
6	Zinsbetrag	z		=WENN(C6="";(C3*C4*C5)/(100*360);"")	
7					
8					

Fremde Währungen

Kapitel 5

5.1 Beziehungen zum Ausland
5.2 Umrechnungskurse
5.3 Fremdwährungen im Rechnungswesen

5 Fremde Währungen

Leitfragen
Finden Sie beim Durcharbeiten der Theorie Antworten auf diese Fragen:

1. Welche Rolle spielen Banken beim Umtausch von Währungen?
2. Was ist der Umrechnungskurs?
3. Was ist unter Noten zu verstehen?
4. Was ist unter Devisen zu verstehen?
5. Worin Unterscheiden sich Ankaufs- und Verkaufskurse auf einem Kursblatt?
6. Was bedeutet die Angabe von Einheiten im Kursblatt?
7. Wie sind Währungen umzurechnen?
8. Wie sind Kursdifferenzen zu verbuchen?

Notizen

5.1 Beziehungen zum Ausland

Die Schweiz ist wirtschaftlich eng vernetzt mit dem Ausland:

Für Unternehmungen kann die Schweiz aufgrund ihrer Grösse nur einen relativ kleinen Heimmarkt bieten. Viele Schweizer Unternehmungen sind auf ausländische Geschäftsbeziehungen angewiesen oder verfügen sogar über Zweigniederlassungen im Ausland. Andererseits gilt die Schweiz selber als attraktiver Standort für ausländische Unternehmungen.

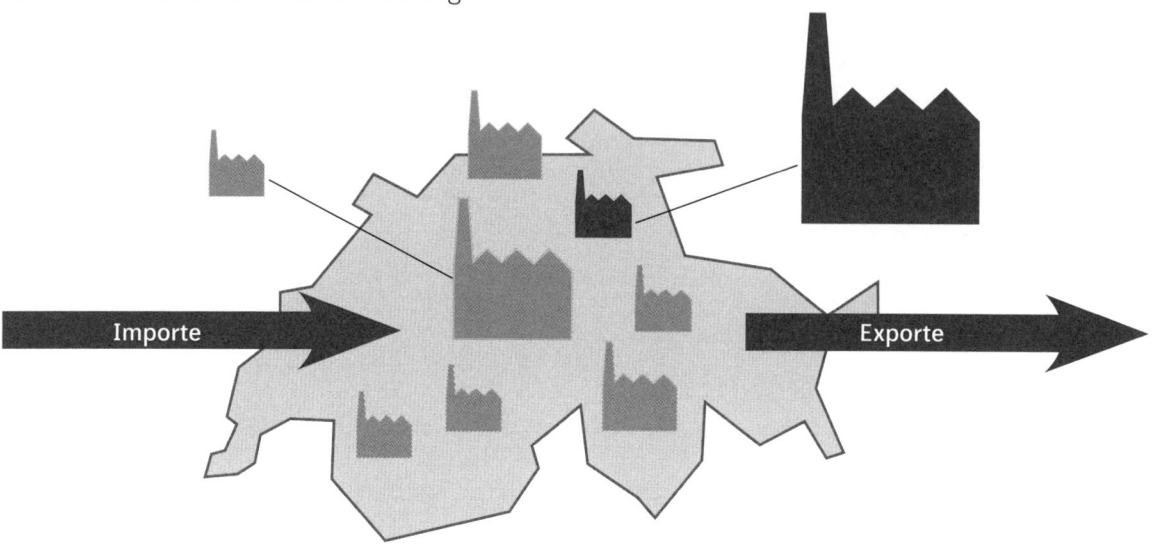

Im Übrigen verbringen viele Schweizerinnen und Schweizer ihre Ferien im Ausland. Die Schweiz ist dagegen auch ein beliebtes Feriendomizil für ausländische Touristen.

5.2 Umrechnungskurse

Geschäfte mit Auslandbezug können Zahlungen in einer fremden Währung beinhalten. Banken übernehmen folgende Funktionen beim Umtausch von Währungen.

Verkauf von Fremdwährungen	Ankauf von Fremdwährungen
Die Bank verkauft die Fremdwährung an Kunden zu einem bestimmten Preis (**Umrechnungskurs**) in Schweizer Franken.	Die Bank kauft ihren Kunden Fremdwährungen zu einem bestimmten Preis (**Umrechnungskurs**) in Schweizer Franken ab.

Der Erlös der Bank besteht aus der Differenz zwischen Ankaufspreis und Verkaufspreis, auch Marge oder Ecart genannt.

Die Banken veröffentlichen täglich die aktuellen Umrechnungskurse. Sie zeigen den Preis in Schweizer Franken, zu welchem die Bank bereit ist, eine Fremdwährung zu kaufen oder zu verkaufen.

Beispiel – Umrechnungskurse
Kursblatt der Bank

Land	Währung	ISO ❶	Einheit ❷	Noten ❸		Devisen ❹	
				Ankauf ❺ (Geld)	Verkauf ❻ (Brief)	Ankauf ❺ (Geld)	Verkauf ❻ (Brief)
Europäische Währungsunion	Euro	EUR	1	1.235	1.285	1.2455	1.2706
USA	Dollar	USD	1	0.865	0.935	0.8766	0.8969
Japan	Yen	JPY	100	1.04	1.135	1.0743	1.0987
Grossbritannien	Pfund	GBP	1	1.38	1.52	1.4231	1.457
Schweden	Kronen	SEK	100	13.2	14.9	13.8015	14.1509
Dänemark	Kronen	DKK	100	16	17.7	16.6616	17.0834
Norwegen	Kronen	NOK	100	15	16.7	15.6656	16.0622
Kanada	Dollar	CAD	1	0.8775	0.9575	0.9005	0.9214
Australien	Dollar	AUD	1	0.905	0.985	0.9265	0.9524
Neuseeland	Dollar	NZD	1	0.655	0.735	0.6829	0.7019
Südafrika	Rand	ZAR	1	0.1175	0.145	0.1251	0.1289
Hongkong	Dollar	HKD	100	10.65	12.65	11.2346	11.5768
Singapur	Dollar	SGD	1	0.675	0.745	0.6995	0.7208
Tschechische Republik	Kronen	CZK	1	0.0491	0.0549	0.0504	0.0525

❶ Abkürzung für die Währung nach ISO (International Organization for Standardization), wobei in der Regel die ersten zwei Buchstaben das Land und der letzte Buchstabe die Währung abkürzen.

❷ Anzahl Einheiten (Euros, Dollars, Kronen usw.) für welche der Kurs angegeben ist (Beispiel: 100 japanische Yen können als Bargeld für 1.135 Schweizer Franken bezogen werden).

❸ Der Begriff Noten steht für Bargeld (Noten und Münzen)

❹ Der Begriff Devisen steht für Buchgeld (Banküberweisungen, Checks, Kreditkarten)

❺ Der Begriff Ankauf bezeichnet den Preis, zu dem die Bank bereit ist, die Fremdwährung gegen Schweizer Franken zu kaufen (Geldkurs).

❻ Der Begriff Verkauf bezeichnet den Preis, zu dem die Bank bereit ist, die Fremdwährung gegen Schweizer Franken zu verkaufen (Briefkurs).

Fremde Währungen | 5

Beispiele für das Umrechnen von Währungen

Ziel	Beispiel	Dreisatz-Rechnung	
		Kurs aus Kursblatt	Berechnung
Fremdwährung zu Schweizer Franken	Ein Bankkunde wechselt EUR 85 gegen CHF (bar).	Noten, Ankauf EUR 1.000 CHF 1.235	→ : 1 · 85 → = EUR 85.00 → : 1 · 85 → = ? = CHF 104.975
Schweizer Franken zu Fremdwährung	Ein Bankkunde wechselt CHF 44 gegen JPY (bar).	Noten, Verkauf JPY 100.00 CHF 1.135	→ : 1.135 · 44 → = ? → : 1.135 · 44 → = 44.00 = JPY 3 876.65

Beispiel für die Ermittlung des Umrechnungskurses

Ziel	Beispiel	Kursverhältnis aus Beispiel	Berechnung	Kurs für 1 Einheit	Kurs für 100 Einheiten
Bestimmung Kurs	Ein Bankkunde erhält CHF 60 für 400 NOK	NOK 400 CHF 60	→ : 400 → → : 400 →	NOK 1.00 ? = CHF 0.15	NOK 100.00 ? = CHF 15.00

5.3 Fremdwährungen im Rechnungswesen

Das Rechnungswesen einer Unternehmung muss auch Beträge in einer fremden Währung erfassen können. Das Gesetz schreibt dagegen vor, dass buchführungspflichtige Unternehmungen Inventar, Erfolgsrechnung und Bilanz in der Landeswährung zu erstellen haben. Beträge in einer Fremdwährung müssen dafür mittels eines Umrechnungskurses in Schweizer Franken umgerechnet werden. Guthaben und Schulden in einer Fremdwährung können mit der Veränderung des Umrechnungskurses an Wert gewinnen oder verlieren (Bsp.: Debitoren, Kreditoren, Darlehen).

Auszug aus dem Obligationenrecht (Bundesgesetz)

	Art. 958d
IV. Darstellung, Währung und Sprache	(...) [3] Die Rechnungslegung erfolgt in der Landeswährung oder in der für die Geschäftstätigkeit wesentlichen Währung. Wird nicht die Landeswährung verwendet, so müssen die Werte zusätzlich in der Landeswährung angegeben werden. Die verwendeten Umrechnungskurse sind im Anhang offenzulegen und gegebenenfalls zu erläutern. (...)

Anwendbare Umrechnungskurse

Im Rechnungswesen stellt sich die Frage, zu welchem Kurs Fremdwährungsgeschäfte oder -positionen gebucht werden sollen. In der Praxis werden in der Regel unterschiedliche Kurse für Rechnungen, Zahlungen oder die Bilanzierung angewendet.

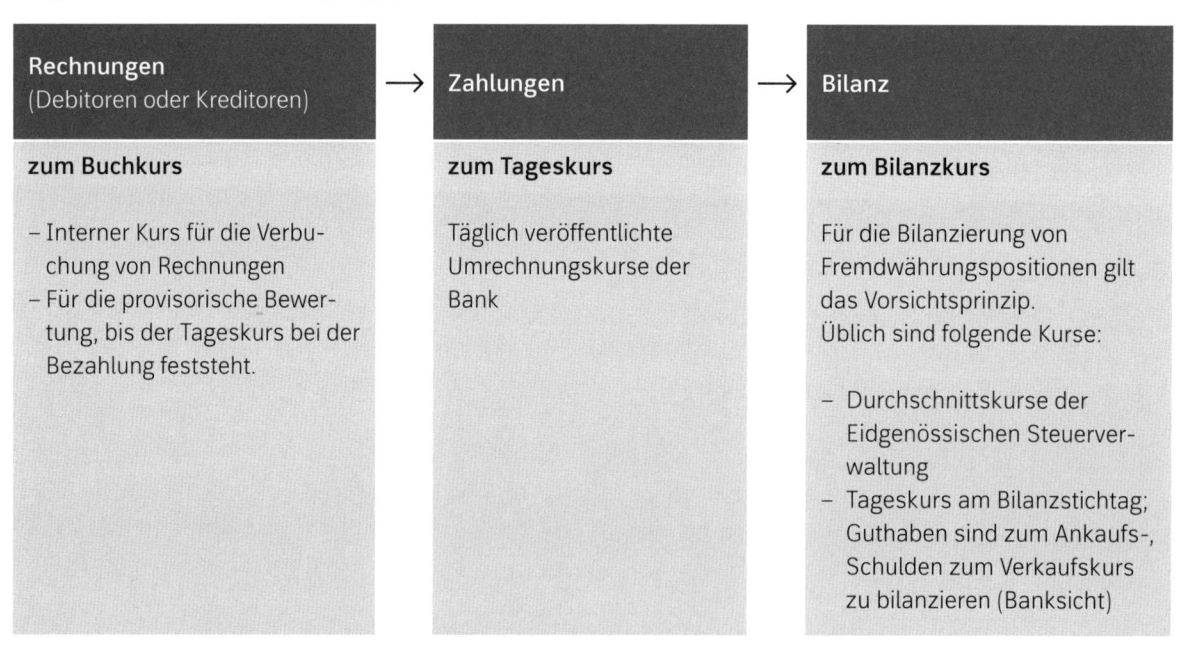

Rechnungen (Debitoren oder Kreditoren) →	Zahlungen →	Bilanz
zum Buchkurs	**zum Tageskurs**	**zum Bilanzkurs**
– Interner Kurs für die Verbuchung von Rechnungen – Für die provisorische Bewertung, bis der Tageskurs bei der Bezahlung feststeht.	Täglich veröffentlichte Umrechnungskurse der Bank	Für die Bilanzierung von Fremdwährungspositionen gilt das Vorsichtsprinzip. Üblich sind folgende Kurse: – Durchschnittskurse der Eidgenössischen Steuerverwaltung – Tageskurs am Bilanzstichtag; Guthaben sind zum Ankaufs-, Schulden zum Verkaufskurs zu bilanzieren (Banksicht)

Fremde Währungen | 5

Vertiefung: Buchung von Kursdifferenzen

Während der Zeit zwischen der Verbuchung einer Debitoren- oder Kreditorenrechnung in einer Fremdwährung bis zu deren Bezahlung verändern sich in der Regel die Umrechnungskurse. Dies kann dazu führen, dass die Zahlung schliesslich höher oder tiefer als die ursprünglich verbuchte Rechnung ausfällt. Diese Differenz muss im Rechnungswesen mit einer Buchung erfasst werden.

Beispiele 1 – Kreditoren in EUR im Warenhandel

	Rechnung	Fremdwährung	Kurs	Betrag in CHF	Buchung	Kontenführung

Variante A – Kurs steigt ↗

	Rechnung	Fremdwährung	Kurs	Betrag in CHF	Buchung	S Verbindl. LL H
	Rechnung	EUR 150.00	1.200	CHF 180.00	Warenaufwand / Verbindl. LL	180.00 (H)
	Zahlung	EUR 150.00	1.235	CHF 185.25	Verbindl. LL / Bank	185.25 (S)
	Differenz			CHF 5.25	Warenaufwand / Verbindl. LL	5.25 (H)
						185.25 / 185.25

Variante B – Kurs sinkt ↘

	Rechnung	Fremdwährung	Kurs	Betrag in CHF	Buchung	S Verbindl. LL H
	Rechnung	EUR 150.00	1.200	CHF 180.00	Warenaufwand / Verbindl. LL	180.00 (H)
	Zahlung	EUR 150.00	1.180	CHF 177.00	Verbindl. LL / Bank	177.00 (S)
	Differenz			CHF 3.00	Verbindl. LL / Warenaufwand	3.00 (S)
						180.00 / 180.00

Beispiel 2 – Debitoren in USD im Warenhandel

Variante A – Kurs steigt ↗

	Rechnung	Fremdwährung	Kurs	Betrag in CHF	Buchung	S Forderungen LL H
	Rechnung	USD 250.00	0.90	CHF 225.00	Forderungen LL / Warenertrag	225.00 (S)
	Zahlung	USD 250.00	0.95	CHF 237.50	Bank / Forderungen LL	237.50 (H)
	Differenz			CHF 12.50	Forderungen LL / Warenertrag	12.50 (S)
						237.50 / 237.50

Variante B – Kurs sinkt ↘

	Rechnung	Fremdwährung	Kurs	Betrag in CHF	Buchung	S Forderungen LL H
	Rechnung	USD 250.00	0.90	CHF 225.00	Forderungen LL / Warenertrag	225.00 (S)
	Zahlung	USD 250.00	0.85	CHF 212.50	Bank / Forderungen LL	212.50 (H)
	Differenz			CHF 12.50	Warenertrag / Forderungen LL	12.50 (H)
						225.00 / 225.00

Kontrollfragen

1. Welche Rolle spielen Banken beim Umtausch von Währungen?
2. Was ist der Umrechnungskurs?
3. Was ist unter Noten zu verstehen?
4. Was ist unter Devisen zu verstehen?
5. Worin unterscheiden sich Ankaufs- und Verkaufskurse auf einem Kursblatt?
6. Was bedeutet die Angabe von Einheiten im Kursblatt?
7. Mit welchem Buchungssatz ist die Kursdifferenz zu erfassen, wenn der Umrechnungskurs zum Zeitpunkt der Bezahlung einer Kreditorenrechnung für Warenbezüge in Euro seit deren Erfassung angestiegen ist?
8. Mit welchem Buchungssatz ist die Kursdifferenz zu erfassen, wenn der Umrechnungskurs zum Zeitpunkt der Bezahlung einer Debitorenrechnung für Warenlieferungen in Euro seit deren Erfassung gesunken ist?

Notizen

Lösungen zu den Kontrollfragen

1. Banken kaufen und verkaufen Fremdwährungen gegen einen Preis in Schweizer Franken (Umrechnungskurs). Der Erlös der Bank besteht in der Differenz zwischen An- und Verkaufspreis.

2. Der Umrechnungskurs ist der An- oder Verkaufspreis in Schweizer Franken für eine bestimmte Anzahl Einheiten der Fremdwährung.

3. Der Begriff Noten bezeichnet auf Kursblättern die Umrechnungskurse für Bargeld.

4. Der Begriff Devisen bezeichnet auf Kursblättern die Umrechnungskurse für Buchgeld (Banküberweisungen, Checks, Kreditkarten usw.)

5. Der Begriff Ankauf bezeichnet die Umrechnungskurse, zu denen die Bank eine Fremdwährung ankauft. Der Begriff Verkauf bezeichnet die Umrechnungskurse, zu denen die Bank eine Fremdwährung verkauft.

6. Der Umrechnungskurs bezieht sich stets auf eine bestimmte Anzahl Einheiten (Euros, Dollars, Kronen usw.) einer Fremdwährung. Bei Bezahlung des Umrechnungskurses werden die entsprechenden Einheiten der Fremdwährung angekauft bzw. verkauft.

7. Warenaufwand / Verbindlichkeiten LL

8. Warenertrag / Forderungen LL

Notizen

Notizen

Aufgaben

Aufgabe 1 (Kursblätter lesen)

Kursblatt der Bank

Land	Währung	ISO ❶	Einheit ❷	Noten ❸		Devisen ❹	
				Ankauf ❺ (Geld)	Verkauf ❻ (Brief)	Ankauf ❺ (Geld)	Verkauf ❻ (Brief)
Europäische Währungsunion	Euro	EUR	1	1.235	1.285	1.2455	1.2706
USA	Dollar	USD	1	0.865	0.935	0.8766	0.8969
Japan	Yen	JPY	100	1.04	1.135	1.0743	1.0987

Beschreiben Sie bitte die Spaltenüberschriften des Kursblatts in eigenen Worten.

	Erklärung
❶	
❷	
❸	
❹	
❺	
❻	

Aufgabe 2 (Bestimmung des anwendbaren Kurses)

Steffi hat nach der Matura ein Bankpraktikum begonnen. Heute hat sie Schalterdienst. An ihrem Schalter können die Kunden verschiedene Fremdwährungen beziehen sowie Zahlungsaufträge aufgeben.

Welchen Kurs muss sie in den folgenden Fällen anwenden? Kreuzen Sie den zutreffenden Kurs bitte an.

	Geschäftsfall	Noten Geld	Noten Brief	Devisen Geld	Devisen Brief
a)	Kundin Ariane Schmid kauft für USD 3 000.00 Reiseschecks, die sie ihrem Salärkonto belasten lässt.				X
b)	Kunde Karl May wechselt seine EUR-Noten um in CHF.	X			
c)	Kundin Marion Staub wechselt CHF 300.00 in SEK gegen bar.		X		
d)	Kunde Norbert Maul lässt von seinem CHF-Salärkonto EUR 1 000.00 auf das Konto seiner Mutter bei der Postsparkasse Mecklenburg überweisen.				X
e)	Kundin Madlaina Maag lässt einen Scheck in GBP 999.00 auf ihr Geschäftskonto gutschreiben.			X	
f)	Kunde Adrian Schmidli aus Waldshut, Frau Niggs Freund, hat für CHF 188.80 bei einem Grossverteiler in Liechtenstein eingekauft und dafür mit EUR-Noten bezahlt; Liechtenstein verwendet seit 1929 den CHF als Landeswährung (Währungs- und Zollunion mit der Schweiz).	X			
g)	Kundin Carla Meili hat in Japan mit ihrer Kreditkarte JPY 1 000 000.00 bezahlt und will nun wissen, zu welchem Kurs für sie abgerechnet worden ist.				X
h)	Kunde Marc Stäubli wandert nach Neuseeland aus und überweist sein Pensionskassen-Guthaben von CHF 288 000.00 auf sein neues NZD-Konto (neuseeländische Dollars) bei der Barclays Bank in Wellington.				X
i)	Kundin Nora Meuli wechselt NOK 150.00 in bar zurück in CHF.	X			
j)	Kunde Dumeng Mägli erhält von einem Kunden in Singapur eine Überweisung von SID (Singapur Dollar) 7 800.00, die er seinem CHF-Geschäftskonto gutschreiben lässt.			X	

Aufgaben

Aufgabe 3 (Repetition Begriffe) ●○○

Welcher Begriff wird nachstehend erklärt?

Begriff	Erklärung
	Sammelbegriff für Noten und Münzen
	Wechselkurs für Bargeld in Fremdwährung
	Ausländisches Buchgeld
	Zu diesem Kurs kauft die Bank fremde Währungen
	Zu diesem Kurs verkauft die Bank fremde Währungen
	Andere Bezeichnung für Kaufkurs
	Andere Bezeichnung für Verkaufkurs

Aufgabe 4 (Verständnisfragen) ●○○

Kreuzen Sie die richtigen Aussagen (R) an.

Aussagen	R
Der Kurs ist der Preis in CHF für eine oder hundert Einheiten einer anderen Währung.	
Die Kauf- und Verkaufskurse sind stets aus Sicht der Bank zu verstehen.	
Bei den Devisen handelt es sich um Bargeld in fremden Währungen.	
Bancomatbezüge, internationale Überweisungen sowie Zahlungen mit Maestro-Karte oder Kreditkarte werden zum Devisenkurs abgerechnet.	
Die Differenz (Marge) zwischen Kauf- und Verkaufkurs heisst Ecart.	
Die Ecarts bei den Notenkursen sind rund dreimal so gross wie jene der Devisenkurse, weil beim Wechseln von Bargeld mehr Arbeit anfällt, die Risiken wesentlich höher sind und meistens nur kleine Beträge gewechselt werden.	

Aufgabe 5 (Währungsrechnen)

Ergänzen Sie die fehlenden Daten in der nachfolgenden Tabelle.

Fremdwährung			CHF		Umrechnungskurs	
EUR		=	CHF	2 148.90	→	1	1.24
NOK		=	CHF	2 674.50	→	100	15.00
CAD	100 000.00	=	CHF		→	1	0.88
DKK	122.40	=	CHF		→	100	16.00
AUD	90.00	=	CHF	81.45	→	1	
HKD	18 000.00	=	CHF	1 917.00	→	100	
USD	167.00	=	CHF	144.46	→		0.8650
SEK	1 654.00	=	CHF	218.33	→		13.20

Aufgabe 6 (Währungsrechnen)

a) Eine Touristin aus Japan wechselt in Zürich JPY 2 000.00 in bar gegen CHF. Wie viele CHF bekommt sie, wenn folgende JPY-Kurse gelten: Ankauf 1.04, Verkauf 1.135.

b) Ein Schüler wechselt nach den Sommerferien am SBB-Schalter in Chur EUR 150.00 und erhält CHF 178.50 ausbezahlt. Welcher Wechselkurs gilt in diesem Fall?

c) Eine Handelsunternehmung mit Sitz in der Schweiz erhält auf ihrem UBS-Konto (CHF) eine Gutschrift von EUR 12 900.00. Welchen Betrag wird die UBS gutschreiben, wenn folgende Tageskurse gelten:

EUR-Kurse			
Noten		Devisen	
Ankauf	Verkauf	Ankauf	Verkauf
1.245	1.295	1.255	1.276

d) Für eine Bestellung im Internet überweisen Sie dem Lieferanten SEK 3 000.00 über die Bank. Welchen Betrag wird Ihnen die Bank belasten, wenn folgende Kurse gelten? Das Ergebnis ist auf zwei Stellen nach dem Punkt zu runden.

SEK-Kurse			
Noten		Devisen	
Ankauf	Verkauf	Ankauf	Verkauf
13.20	14.90	13.8015	14.1509

e) Sie bestellen im Internet per Kreditkarte ein iPhone 7s für USD 853.00. Auf Ihrer Kreditkartenabrechnung werden für diese Transaktion CHF 878.59 belastet. Zu welchem Wechselkurs wurde der Einkaufsbetrag belastet?

Aufgaben

Aufgabe 7 (Währungsrechnen)   •••

a) In Perth (Australien) finden Sie im Schaufenster einer australischen Bank die folgenden Wechselkurse für CHF: 1.10 (buy), 1.15 (sell). Wie viele australische Dollars erhalten Sie für CHF 200?

b) Sie wechseln am Flugplatz Zürich-Kloten CHF 460 gegen EUR (Kurs 1.23) und USD (Kurs 1.07). Sie möchten gleich viele Euros wie Dollars. Wie viele Euros und Dollars bekommen Sie?

c) Am Flugplatz Frankfurt bietet die Deutsche Bank CHF zum Wechselkurs von 0.81 zum Verkauf an (Aus deutscher Sicht). Berechnen Sie den Wechselkurs aus Schweizer Sicht. Das Ergebnis ist auf vier Stellen nach dem Punkt zu runden.

d) 1 EUR kostet in London 0.895 GBP. In der Schweiz beträgt der GBP-Wechselkurs 1.38. Wie viel beträgt nach diesen Verhältnissen der EUR-Wechselkurs in der Schweiz?

Aufgabe 8 (Preise in verschiedenen Währungen vergleichen, Rechnen mit hohen Zahlen) ●●○

Das Eidgenössische Departement für Verteidigung, Bevölkerungsschutz und Sport (VBS) plant die Anschaffung von neuen Kampfjets. Vier Hersteller reichen Offerten ein.

Total sollen **22 Kampfjets** angeschafft werden. Das Budget für die Anschaffung der neuen Kampfjets beträgt total **3.5 Milliarden** Franken.

a) Nachstehend finden Sie die Offerten der verschiedenen Hersteller sowie die Umrechnungskurse. Berechnen Sie die Stückpreise in CHF (auf ganze Mio. runden).

Flugzeugtyp	Preis/Stk.	Devisen Kauf	Devisen Verkauf	Preis/Stk. (CHF)
Eurofighter EF 2000	EUR 105 Mio.	1.5955	1.6267	
Dassault Rafale	EUR 104 Mio.	1.5955	1.6267	
Boeing F/A-18 Super Hornet	USD 195 Mio.	0.9995	1.0305	
Saab JAS-39 Gripen	SEK 637 Mio.	17.0505	17.2747	

b) Welches ist der teuerste Jet, den sich die Schweiz **mit dem vorgegebenen Budget** damals hätte leisten können?

　　Eurofighter　　　　Rafale　　　　Super Hornet　　　　Gripen

c) Zwei Jahre später spricht sich auch der Nationalrat für die Beschaffung der Kampfjets aus. Zu diesem Zeitpunkt sehen die Umrechnungskurse wie folgt aus:

Land	Währung	ISO	Einheit	Devisen Ankauf	Devisen Verkauf
Europäische Währungsunion	Euro	EUR	1	1.2455	1.2706
USA	Dollar	USD	1	0.8766	0.8969
Schweden	Kronen	SEK	100	13.8015	14.1509

Welches ist nun der teuerste Jet, den sich die Schweiz mit dem damals vorgegebenen Budget leisten könnte?

　　Eurofighter　　　　Rafale　　　　Super Hornet　　　　Gripen

Aufgaben

Aufgabe 9 (Bestimmung des anwendbaren Kurses)

Signor Giorgio hat in Laglio am Comersee die Villa «Oleandra» gekauft.

Mit seiner Harley-Davidson fährt er ins Dorf zu Harry's Bar, wo er einen Espresso trinkt. Später findet ein Photo-Shooting für Nespresso statt.

a) Für die Villa soll er ursprünglich CHF 40 000 000.00 (EUR 25 000 000.00) bezahlt haben. Wie hoch war der Euro Kurs?

b) Der Espresso in Harry's Bar kostet EUR 2.00. Hier hat Clooney gelernt, Espresso zu trinken – für einen Amerikaner unglaublich. Sein Geheimnis: «Italien ist die Liebe meines Lebens» (Blick). Clooney zahlt cash. Welchem Preis in CHF entspricht dies?

EUR-Kurse			
Noten		Devisen	
Ankauf	Verkauf	Ankauf	Verkauf
1.5425	1.6250	1.5655	1.5960

c) Wie muss der Nestlé-Buchhalter den Scheck über USD 50 000.00 für das Foto-Shooting verbuchen?

USD-Kurse			
Noten		Devisen	
Ankauf	Verkauf	Ankauf	Verkauf
1.1475	1.2350	1.1633	1.1822

Soll	Haben	Betrag

234

Aufgabe 10 (Kursdifferenzen buchen) ●●○

Ein Schweizer Berater berät eine indische Filmcrew, die im Berner Oberland Filmaufnahmen machen will. Verbuchen Sie folgende Geschäftsfälle für ihn. Als Kontrolle führen Sie das Debitorenkonto.

a) Fr sendet die Honorarrechnung im Wert von USD 1 800.00 nach Mumbay, Buchkurs 0.88.

b) Die Überweisung der USD 1 800.00 schreibt die Bank zum Tageskurs von 0.85 gut.

c) Verbuchen Sie die Kursdifferenz.

Buchungen

Bst.	Soll	Haben	Betrag

Führung Debitorenkonto

Aufgaben

Aufgabe 11 (Vertiefung: Kursdifferenzen buchen) ●●○

Für das erste Vorrundenspiel der Fussball-Europameisterschaft bringt ein Sattelschlepper Bier aus Dänemark nach Polen ins Nationalstadion in Warschau. Diese Lieferung wurde von der UEFA (Union of European Football Associations) in Auftrag gegeben. Die UEFA hat ihren Hauptsitz in Nyon (Schweiz).

a) Die Rechnung für die Bierlieferung beläuft sich auf DKK 300 000.00 und ist zum Buchkurs von 17.00 zu verbuchen.

Berechnung

Buchung

Soll	Haben	Betrag

b) Die Banküberweisung erfolgt 30 Tage später und ist zu verbuchen. Die Bank verrechnet uns den Tageskurs von 17.22.

Berechnung

Buchungen

Soll	Haben	Betrag

Aufgabe 12 (Vertiefung: Kursdifferenzen buchen)

Der Bugatti Veyron hat mehr Pferde unter der Haube als ein Formel-1-Rennwagen und ist trotz einem Maximaltempo von 400 km/h für den Strassenverkehr zugelassen. Nehmen wir an, wir kaufen einen …

a) Lieferung gemäss Faktura zum offiziellen Listenpreis von EUR 1 000 000.00. Die Lieferung ist zum Buchkurs von 1.25 zu verbuchen.

Soll	Haben	Betrag

b) Wie hat die Bugatti S.A.S. (Société par actions simplifiée) in Frankreich die Rechnung verbucht (Buchhaltung in Euro)? Gehen Sie davon aus, dass Bugatti übliche Konten gemäss KMU-Kontenrahmen verwendet.

Soll	Haben	Betrag

c) Verbuchen Sie die Überweisung der EUR 1 000 000.00, die 30 Tage später über die BCV (Banque Cantonale Vaudoise) erfolgt. Diese belastet den Gegenwert in CHF, berechnet zum Tageskurs von 1.27.

Soll	Haben	Betrag

d) Wie hat die Bugatti S.A.S. den Zahlungseingang verbucht (Buchhaltung in Euro)?

Soll	Haben	Betrag

Aufgaben

Aufgabe 13 (Vertiefung: Kursdifferenzen buchen)

Der Operationstisch, mit welchem der Tierarzt die Pferde seiner Alpinen Pferdeklinik operiert, ist hydraulisch steuerbar. So kann er die Pferde bei schräg gestelltem Operationstisch operieren; nur so kommt er beim Pferd an jede Körperstelle heran. **Der Operationstisch wird im Konto Einrichtungen geführt.** Verbuchen Sie die folgenden Geschäftsfälle vollständig im Journal mit **Nummer, Buchungssatz, und Betrag.**

Nr.	Geschäftsfall
1	Kreditkauf eines neuen Operationstischs aus Japan zum Preis von JPY 5 000 000.00 zum Buchkurs von 1.15.
2	Rechnung des Frachthofs Kloten AG für Transportspesen und Handling des Operationstischs, pauschal CHF 1 320.00.
3	Verkauf des alten Operationstischs für EUR 1 000.00 gegen Rechnung an eine deutsche Tierärztin, die ihn mit nach Afrika nimmt; Buchkurs 1.20.
4	Banküberweisung nach Japan im Betrag von JPY 5 000 000.00 zum Tageskurs von 1.1111; die Kursdifferenz ist ebenfalls zu verbuchen.
5	Die Bank schreibt uns EUR 1 000.00 für den alten Operationstisch zum Tageskurs von 1.28 gut. Die Kursdifferenz ist ebenfalls zu buchen.

Nr.	Soll	Haben	Betrag

Aufgabe 14 (Vertiefung: Kursdifferenzen buchen)

Ein Kernkraftwerk importierte im Juni eine neue Turbinenwelle samt Generator zur Stromerzeugung. Die Welle war etwa 40 Meter lang und gut 100 Tonnen schwer; zur Wechselstromerzeugung von 50 Hertz muss sie im Dauerbetrieb mit 50 Umdrehungen pro Sekunde drehen können, d. h. die äusseren Turbinenschaufeln der Dampfturbine drehen bei einer Betriebstemperatur von über 100 °C mit Überschallgeschwindigkeit. Für den Transport ab Rheinhafen über den Hauensteinpass wurde die Welle auf einen speziellen Tiefladeanhänger gelegt. Die Montage erfolgte durch den Hersteller auf einem Betonfundament, bei welchem wegen der Länge der Welle die Erdkrümmung mit zu berücksichtigen war, damit die Wellenlager im Dauerbetrieb nicht überhitzen. Verbuchen Sie die folgenden Geschäftsfälle vollständig.

Verbuchen Sie die Geschäftsfälle im Rahmen der Beschaffung dieser Welle (Zahlen realitätsnah geschätzt).

Nr.	Geschäftsfall
1	Rechnung des Herstellers franko Basel Rheinhafen EUR 12 000 000.00 zum Buchkurs 1.25.
2	Rechnung des Spediteurs für den Transport Rheinhafen-Mühleberg CHF 130 000.00.
3	Rechnung des Herstellers für Montagekosten EUR 40 000.00 zum Buchkurs 1.25.
4	Banküberweisung des Gesamtbetrags (vgl. 1 und 3) an den Hersteller zum Tageskurs 1.2464.
5	Banküberweisung an den Spediteur zur Begleichung der Rechnung (vgl. 2)

Nr.	Soll	Haben	Betrag

Anhang

Bildquellenverzeichnis
Stichwortverzeichnis
Kontenrahmen KMU

Anhang

Bildquellenverzeichnis

|Alamy Stock Photo, Abingdon/Oxfordshire: Matassa, Mario 234.1. |Imago, Berlin: Icon SMI 158.1. |iStockphoto.com, Calgary: joyt 209.1; LPETTET 237.1; Marchcattle 45.1; olsword 157.1; richcarey Titel, 1.1, 9.1, 55.1, 115.1, 175.1, 213.1, 241.1; rusm 233.1. |Maag, Louis, Winterthur: 2.1, 2.2, 15.1, 68.1, 95.1, 95.2, 108.1, 146.1, 236.1. |Schweizer Buchhandels- und Verlags-Verband SBVV, Zürich: 4.1. |stock.adobe.com, Dublin: dul_ny 61.4; fototrm12 239.1; Giuseppe Porzani 156.1; H_Ko 60.1, 60.2, 60.3, 61.1, 61.2, 61.3; Jovanovic, Dejan 58.1, 58.2, 58.3; pixel974 8.1; ©emuck 154.1. |TUI Group/TUI AG, Hannover: 51.1.

Stichwortverzeichnis

A

Abgrenzung zweier Rechnungsperioden	23
Abschreibungen	121
Aktienkapital	20
Aktiven	12, 16
Aktive Rechnungsabgrenzung	23
Aktivtausch	24
Anlagevermögen	20
Aufwand	121

B

Beleg	65
Bilanz	16
Brief	218
Buchhaltung	8
Buchhaltungsprogramm	69
Buchung	66
Buchungssatz	66

D

Darlehen	18
Debitoren	18
Deutsche Zinsusanz	179
Devisen	218
Doppelte Buchhaltung	64
Doppelter Nachweis des Erfolgs	128

E

Eigenkapital	12, 16, 20
Einheit	218
Erfolg	119
Erfolgsrechnung	122
erfolgswirksam	120
Erträge	121

F

Flüssige Mittel	23
Forderungen	18
Fremdkapital	12, 16, 20

G

Geld	218
Gewinn	119

H

Haben	60
Hypotheken	18

I

Immobilien	18
Inventar	14
Inventur	14

K

Kapitalbeschaffung	24
Kapitalrückzahlung	24
Kaufmännische Zinsformel	181
Konten	58
Kontenplan	22
Kontenrahmen	22
Kontierung	68
Kontierungsstempel	68
Kontoauszug	185
Kontokorrent	184
Kreditoren	18
Kursdifferenzen	221

L

Lizenzen	18

M

Marchzins	184
Mobilien	18

Stichwortverzeichnis

N

Noten	218

P

Passiven	12, 16
Passivtausch	24
Patente	18
Prüfkette	65

R

Rechnungswesen	8
Rückstellungen	23

S

Salden	126
Saldo	126
Schaltjahr	180
Schlussbestand	61, 62
Schlussbilanz I	128
Schlussbilanz II	128
Soll	60
Storno	68

T

Transitorische Passiven	23

U

Umlaufvermögen	20

V

Valuta	185
Verlust	119
Vermögen	12
Verrechnungssteuer	182

Z

Zins	178
Zinsdifferenzgeschäft	178
Zinsformel	181
Zinsfuss	181

Kontenrahmen KMU (für Unterrichtszwecke angepasst)

Bilanz

1 Aktiven

10 Umlaufvermögen

100 Flüssige Mittel und Wertschriften
- 1000 Kasse
- 1010 Post
- 1020 Bank (Kontokorrent)
- 1060 Wertschriften (kurzfristig realisierbar)

110 Forderungen
- 1100 Forderungen aus Lieferungen und Leistungen (FLL, Debitoren)
- 1109 Delkredere
- 1110 Übrige Debitoren
- 1170 Vorsteuer MWST
- 1176 Verrechnungssteuer

120 Vorräte
- 1200 Warenbestand (Handelswaren)
- 1210 Vorräte Rohstoffe (Rohmaterial)
- 1260 Vorräte Fertigfabrikate

130 Aktive Rechnungsabgrenzung
- 1300 Aktive Rechnungsabgrenzung (ARA)

14 Anlagevermögen

140 Finanzanlagen und Beteiligungen
- 1420 Beteiligungen
- 1440 Aktivdarlehen

150 Mobile Sachanlagen
- 1500 Maschinen/Apparate
- 1509 WB Maschinen/Apparate
- 1510 Mobilien/Einrichtungen
- 1519 WB Mobilien/Einrichtungen
- 1530 Fahrzeuge
- 1539 WB Fahrzeuge

160 Immobile Sachanlagen
- 1600 Liegenschaften (Immobilien)
- 1609 WB Liegenschaften (WB Immobilien)

170 Immaterielle Anlagen
- 1700 Patente, Know how, Lizenzen

180 Nicht einbezahltes Grund- oder Gesellschafterkapital
- 1850 Nicht einbezahltes Aktienkapital

2 Passiven

20 Fremdkapital kurzfristig
- 2000 Verbindlichkeiten aus Lieferungen und Leistungen (VLL, Kreditoren)
- 2100 Bankverbindlichkeiten (Kontokorrent)
- 2200 Geschuldete MWST (Umsatzsteuer)
- 2206 Verrechnungssteuer
- 2208 Direkte Steuern
- 2210 Sonstige kurzfristige Verbindlichkeiten
- 2261 Beschlossene Ausschüttungen (Dividenden)
- 2270 Sozialversicherungen und Vorsorgeeinrichtungen
- 2300 Passive Rechnungsabgrenzung (PRA)
- 2330 Rückstellungen (kurzfristig)

24 Fremdkapital langfristig
- 2400 Bankverbindlichkeiten (Bankdarlehen)
- 2430 Obligationenanleihen
- 2451 Hypotheken
- 2500 Darlehen
- 2600 Rückstellungen (langfristig)

28 Eigenkapital

280 Eigenkapital – Aktiengesellschaft
- 2800 Aktienkapital
- 2900 Gesetzliche Reserven
- 2960 Freiwillige Gewinnreserven
- 2970 Gewinnvortrag/Verlustvortrag
- 2979 Jahresgewinn oder Jahresverlust

280 Eigenkapital – Einzelunternehmung
- 2810 Eigenkapital
- 2850 Privat
- 2891 Jahresgewinn oder Jahresverlust

Kontenrahmen KMU (für Unterrichtszwecke angepasst)

Erfolgsrechnung

4 Aufwand für Material, Waren und Drittleistungen

4000 Materialaufwand (Produktion)
4200 Warenaufwand (Handelswarenaufwand)
4400 Aufwand für bezogene Dienstleistungen

5 Personalaufwand

5000 Lohnaufwand
5070 Sozialversicherungsaufwand
5670 Übriger Personalaufwand

6 Übriger betrieblicher Aufwand, Finanzergebnis

6000 Raumaufwand, Mietaufwand
6100 Unterhalt und Reparaturen
6200 Fahrzeugaufwand
6300 Sachversicherungen, Abgaben, Gebühren
6400 Energie- und Entsorgungsaufwand
6500 Verwaltungs- und Informatikaufwand
6600 Werbeaufwand
6700 Sonstiger betrieblicher Aufwand
6800 Abschreibungen
   (Wertverlust Anlagevermögen)
6900 Finanzaufwand, Zinsaufwand
6950 Finanzertrag, Zinsertrag

3 Betriebsertrag aus Lieferungen oder Leistungen

3000 Produktionserlös
3080 Bestandesänderung Halb- und Fertigfabrikate
3200 Warenertrag (Handelserlös)
3270 Ertrag Eigenverbrauch
3400 Dienstleistungsertrag
3600 Übriger Betriebsertrag
3800 Verluste aus Forderungen (Debitorenverluste)

7 Betriebliche Nebenerfolge

740 Wertschriften- und Beteiligungserfolg
7400 Wertschriftenertrag
7410 Wertschriftenaufwand
7450 Beteiligungsertrag
7460 Beteiligungsaufwand

750 Liegenschaftenerfolg
7500 Ertrag betriebliche Liegenschaften (Liegenschaftenertrag)
7510 Aufwand betriebliche Liegenschaften (Liegenschaftenaufwand)

8 Betriebsfremder und ausserordentlicher Erfolg

800 Betriebsfremdner Erfolg
8000 Betriebsfremder Aufwand
8100 Betriebsfremder Ertrag

850 Ausserordentlicher Erfolg
8500 Ausserordentlicher Aufwand (inkl. Verluste aus Veräusserung Anlagevermögen)
8510 Ausserordentlicher Ertrag (inkl. Gewinne aus Veräusserung Anlagevermögen)

89 Steuern
8900 Direkte Steuern

9 Abschluss

9200 Jahresgewinn oder Jahresverlust

Notizen